넷플릭스하다

넷플릭스하다

발행일 ; 제1판 제1쇄 2017년 7월 14일 제2판 제9쇄 2022년 4월 4일
지은이 ; 문성길 발행인·편집인 ; 이연대
CCO ; 신기주 에디터 ; 박가현
지원 ; 유지혜 고문 ; 손현우
펴낸곳 ; ㈜스리체어스 _ 서울특별시 중구 한강대로 416 13층
전화 ; 02 396 6266 팩스 ; 070 8627 6266
이메일 ; hello@bookjournalism.com
홈페이지 ; www.bookjournalism.com
출판등록 ; 2014년 6월 25일 제300 2014 81호
ISBN ; 979 11 86984 13 0 03300

BOOK
JOURNALISM

넷플릭스하다

문성길

; 20년 전 비디오 대여점으로 출발한 넷플릭
스가 혁신 기술과 오리지널 콘텐츠를 앞세워
세계 미디어, 엔터테인먼트 산업을 흔들고 있
다. 방송 지형을 바꾼 넷플릭스는 이제 콘텐
츠의 성지, 할리우드로 진격하고 있다. 빅뱅
파괴자 넷플릭스의 혁신 비결을 들여다본다.

차례

프롤로그　　　　　돌풍의 핵, 넷플릭스

국내외 방송과 영화 산업 곳곳에서 파열음이 들린다. 20년 전 비디오 대여점으로 출발한 넷플릭스Netflix가 혁신 기술과 오리지널 콘텐츠를 앞세워 세계 미디어, 엔터테인먼트 산업을 흔들고 있다. 넷플릭스가 약진하면서 미국 최대의 비디오 대여점 '블록버스터'는 파산했고, 미국 최대의 케이블TV '컴캐스트'도 내리막에 접어들었다. 급기야 2017년 미국 내 넷플릭스 가입자 수가 케이블TV 가입자 수를 넘어섰다. 방송 지형을 바꾼 넷플릭스는 이제 콘텐츠의 성지, 할리우드로 진격하고 있다.

영화계도 반격에 나섰다. 2017년 칸 국제 영화제 경쟁 부문에 넷플릭스가 제작한 영화 〈옥자〉가 초청되자, 프랑스 극장협회FNCF는 반대 성명을 발표했다. 극장 개봉을 전제로 하지 않은 작품을 영화제에 초청하면 영화계 질서가 무너진다는 이유였다. 페드로 알모도바르 심사위원장도 "극장에서 볼 수 없는 영화가 황금종려상을 받아서는 안 된다"며 불편한 심기를 드러냈다. 〈옥자〉를 둘러싼 논란은 국내에서도 재연됐다. 멀티플렉스 3곳(CGV, 롯데시네마, 메가박스)은 한국 영화 생태계를 보호하기 위해 〈옥자〉를 상영하지 않겠다고 밝혔다.

2016년 1월 넷플릭스가 한국에 진출했을 때도 분위기는 비슷했다. 콘텐츠 공룡이 침공한다는 소식에 미디어 사업자들은 민감하게 반응했다. 국내 굴지의 미디어 기업은 넷플릭스를 연구하는 태스크포스 팀을 꾸렸고, 또 다른 기업의 CEO

는 넷플릭스의 정체를 파악해 보고하라는 특명까지 내렸다.

국내 미디어 업계에 거대한 파장을 일으킬 것 같았던 넷플릭스는 파괴적 명성에 비해 조용히 서비스를 시작했다. 서비스 센터도, 직원도 없었다. 케이블TV와 위성 방송 서비스 론칭에 직접 참여해 본 나로서는 놀라지 않을 수 없었다. 한국 시장에 큰 관심이 없는 것인지, 아니면 이제껏 경험하지 못한 새로운 형태의 유료 방송을 하겠다는 것인지 의아했다.

그래서 직접 넷플릭스 애플리케이션을 스마트폰에 설치하고, 여러 명이 계정 하나를 공유하는 다수 계정 기능을 이용해 아들과 동시에 서비스를 체험했다. 듣던 대로 UI가 쉽고 편리했다. 콘텐츠 목록을 보여 주는 포스터 배열도 사용자 친화적이었다. 보던 영화는 언제라도 다음 장면부터 이어 볼 수 있도록 화면 상단에 포스터가 배치되어 있었다.

한국 진출 1년이 지난 지금, 국내 미디어 사업자들은 안도의 한숨을 내쉰다. '해볼 만하다'는 평가가 대세다. '볼만한 콘텐츠가 없다'는 이유에서다. 넷플릭스를 써본 사람들은 한결같이 "사용하기는 참 편한데 볼만한 콘텐츠가 없다"고 평한다.

그러나 내 생각은 다르다. 안도하기에는 아직 이르다. 이제부터 시작이다. 넷플릭스의 핵심 성장 동력은 콘텐츠가 아니었다. 2007년 온라인 스트리밍 사업을 시작했을 때도 신작보다는 오래된 콘텐츠를 중심으로 사업을 꾸려 나갔다. 콘텐츠 제공자의 견제로 판권이 확보된 콘텐츠가 많지 않기도 했지만, 정교한 추천 시스템을 통해 비인기 콘텐츠도 활용할 수 있다는 자신감 덕분이었다. 실제로 넷플릭스는 콘텐츠 수에 관계없이 시장의 파괴자로 진화했다.

영상 미디어의 진화사를 보더라도 콘텐츠가 새로운 미디어를 탄생시키지는 못했다. '혁신 기술'이 새로운 미디어를 만들었고, 그 기술로 제작된 콘텐츠가 미디어를 키워 나갔다. 현재의 콘텐츠 부족은 새로운 플랫폼이 시작할 때 나타나는 일반적인 현상에 불과하다.

관련 업계에 종사했던 사람으로서, 넷플릭스의 국내 진출에 대응하는 국내 미디어 기업의 태도는 아쉬움을 넘어 안타까울 지경이었다. 넷플릭스와 아마존, 구글의 국내 진출을 한껏 우려하다가, 파장이 크지 않다는 사실에 안도하는 것이 국내 미디어 기업의 현주소다. 그러나 한국은 세계 최고 수준의 네트워크 인프라와 ICT 기술, 아시아 최고 수준의 콘텐츠 제작 역량을 지닌 나라다. 2016년 콘텐츠 매출이 105조 원을 상회하는 세계 7위의 미디어·콘텐츠 강국이 보일 태도는 아니다.

미디어 변혁기에 우리 현실은 어떨까. 거대 기업은 전통적인 수익을 지키기에 급급해 혁신 기업이 들어오지 못하도록 울타리를 친다. 거기에 더해 정부는 각종 규제를 도입해 실험 대신 기존 기업의 안전을 보장한다. 넷플릭스, 유튜브와 대등하게 경쟁할 수 있는 미디어 기업이 태어나지 못하는 이유다.

한국의 미디어, 엔터테인먼트 산업도 혁신 기술을 활용해야 한다. 넷플릭스는 빅데이터, 추천 시스템, 큐레이션, 검색 기술을 활용해 소비자가 선호하는 콘텐츠를 내놓는다. 여기에다 어댑티브 스트리밍, 오픈 커넥트 서버, HDR, 4K 같은 기술을 결합해 네트워크 환경에 관계없이 최상의 화질을 제공한다. 혁신 기술을 자유롭게 실험할 수 있는 환경이 혁신의 토양이 된다.

한국도 규제 정책을 개선해 미디어 시장에서 끊임없이 실험이 일어나도록 해야 한다. 4차 산업 혁명 시대에는 기술 융합이 빠르게 이뤄질 것이다. 이미 콘텐츠와 기술이 결합한 VR(virtual reality·가상 현실), AR(augmented reality·증강 현실), MR(mixed reality·혼합 현실)이 나왔다. 유선 케이블이 아닌 인터넷 회선을 이용하는 '버추얼 케이블TV'도 등장했다. 콘텐츠와 IT가 만나 새로운 산업이 창조되는 것이다.

넷플릭스의 창업자 리드 헤이스팅스Wilmot Reed Hastings, Jr는 말한다.

"넷플릭스는 두 가지 사업을 하고 있다. 첫째는 이용자에게 넷플릭스 서비스를 제공할 수 있는 인터넷 기반 시스템을 만들고, 이용자 취향을 분석하는 IT 사업이다. 둘째는 흥행할 콘텐츠를 찾아 투자하는 제작 사업이다."

이제 콘텐츠 경쟁력은 스토리와 테크놀로지의 결합에서 나온다. 헤이스팅스는 넷플릭스를 '기술 위에 쌓아 올린 엔터테인먼트 회사'라고 말한다. 《뉴욕 타임스》가 가장 강력한 경쟁자로 꼽은 온라인 언론사 '버즈피드BuzzFeed'의 회장 그레그 콜먼Greg Coleman 역시 버즈피드를 기술 회사로 정의한다. 이유는 뭘까.

"우리는 최고의 기술을 이용해서 사람들이 뭘 좋아하는지 파악하고, 그에 맞춰 콘텐츠를 내놓는다. 요즘 시대엔 콘텐츠 소비와 이용자의 반응, 공유, 피드백에 대한 정확한 측정이 없으면 위대한 회사가 될 수 없다. 최상의 테크놀로지가 우리의 가장 큰 무기이고, 이를 통해 적합한 콘텐츠를 생산하는 것이 우리의 둘째 무기다."[1]

미디어 업계에서 데이터는 원유처럼 귀한 자원이다. 데이터로 심지어 스토리와 콘텐츠까지 만든다. 넷플릭스와 버즈피드는 소비자의 콘텐츠 소비 패턴을 분석할 수 있는 다수의 데이터 과학자를 확보하고 있다. 구글의 알고리즘은 유튜브 동영상에 나오는 인물의 표정까지 분석해 어떤 상황에서 사람들이 흥미를 갖고 즐거워하는지 파악한다.

그동안 한국은 주로 예감과 직감에 의존해 콘텐츠를 제작해 왔다. 이제 시대가 변했다. 우리도 데이터의 세계로 진입해야 한다. 디지털 시대에 자신들이 창출한 데이터를 제대로 활용하지 못하는 것은 생존을 포기하는 것과 다름없다.

이 책에서는 넷플릭스의 파괴적 혁신을 '빅뱅 파괴Bigbang Disruption' 이론[2]을 통해 살펴보고, 국내 미디어 산업의 혁신 방안을 제안한다. 빅뱅 파괴는 '빠르게 나타나 새로운 시장을 창조하고, 기존 시장을 완전히 대체하는 새로운 형태의 제품 확산 현상'을 일컫는 말이다. 빅뱅 파괴자는 무어의 법칙(마이크로칩의 밀도가 18개월마다 2배로 늘어난다는 법칙)에 기초한 '기하급수적 기술'을 활용해[3] 저렴하지만 더 뛰어난 개인 맞춤형 제품 또는 서비스를 가지고 시장에 나타난다. 그리고 이미 성숙한 시장을 단번에 초토화한다. 대표적인 기하급수적 기술로는 광대역 인터넷, 스마트폰, 클라우드 컴퓨팅, 인공지능, 빅데이터, 사물인터넷 등이 있다.

DVD 대여 업체에 불과했던 넷플릭스는 설립 10년 만에 미국에서 코드커팅(cord-cutting·유료 방송 가입 해지)[4]을 유발했다. 설립 20년이 지나서는 전 세계 미디어 산업을 바꾸는 혁신의 아이콘이 되었다. 눈부신 성공의 기저에는 '이용자 중심'이라는 최우선 가치가 있었다. 철저히 이용자 입장에서 생각해 '원하는 작품을 원하는 시간과 장소에서 감상'할 수 있도록 한다. 거기에 기술을 더해 '콘텐츠에 자유를 허락하라'는 디지털 시대의 철학을 실천하고 있다. 지금부터 빅뱅 파괴자 넷플릭스의 혁신 비결을 들여다본다.

1

빅뱅 파괴자, 넷플릭스

넷플릭스당하다

'Netflixed'라는 신조어가 있다. 직역하면 '넷플릭스당하다'인데, 미국 실리콘밸리에선 기존 비즈니스 모델이 붕괴되었을 때이 말을 사용한다. 실제로 넷플릭스는 지난 20년간 미디어 업계의 골리앗들을 차례로 쓰러뜨렸다. 1985년부터 25년간 미국 비디오 대여 시장을 지배했던 블록버스터의 몰락이 대표적이다. 2004년 블록버스터의 매출액은 60억 5000만 달러로, 넷플릭스의 12배 수준이었다. 그러나 2007년 넷플릭스가 인터넷 스트리밍 서비스(인터넷으로 동영상을 실시간 재생하는 서비스)를 시작하며 상황이 역전되더니, 2011년 마침내 파산했다.

세계 최대 유통 업체 월마트walmart는 DVD 대여업을 포기하고 기존 가입자를 넷플릭스에 넘겼다. 넷플릭스의 파괴력은 DVD 유통업을 흔드는 차원에서 끝나지 않았다. 2011년 미국 최대 케이블TV 컴캐스트의 가입자 수(2280만 명)를 넘어섰고, 북미 지역 인터넷 스트리밍 트래픽 순위에서 유튜브를 제치고 1위 자리에 올랐다.[5] 2012년 카이스트가 조사한 글로벌 영화 기업 순위에서 넷플릭스는 디즈니, 소니, 드림웍스 등 할리우드 메이저 스튜디오를 누르고 3위를 차지했다.

미디어, 엔터테인먼트 시장의 지각 변동은 미국만의 문제가 아니다. 전 세계적인 현상이다. 동시다발적으로 일어나는 기술 발전에 따라 소비자의 선호 역시 국경을 초월해 변화한다.

혁신 기술이 미디어와 엔터테인먼트 산업의 변화를 촉발하는 것이다. 스마트 디바이스, 광대역 네트워크, 클라우드 컴퓨팅 등 기하급수적인 기술 성장이 혁신자를 만들어 내는 일종의 플랫폼 역할을 한다. 그리고 그 중심에 넷플릭스가 있다.

2016년 1월 7일 마침내 넷플릭스가 국내 서비스를 시작했다. 2017년 6월 기준 국내 가입자는 10만 명 정도로 추산된다. 전 세계 미디어 지형을 바꾼 혁신 서비스치고는 미흡한 성과다. 그러나 당장 빅뱅 파괴 가능성이 두드러지지 않는다고 해서 안일한 태도는 금물이다. 전통적인 TV 시장의 질서를 해체하고 새로운 콘텐츠 소비 행태를 만들어 가는 넷플릭스를 얕봐서는 안 된다.

DVD 우편배달 서비스로 시작한 넷플릭스

'세계 최대의 인터넷TV 네트워크.' 넷플릭스의 창업자 리드 헤이스팅스가 정의한 넷플릭스의 성격이다. 인터넷을 의미하는 'Net'과 영화 주문을 의미하는 'Flix'의 합성어인 넷플릭스는 '글로벌 TV 콘텐츠 플랫폼'을 지향한다. TV 프로그램과 영화를 190여 개국에 인터넷 스트리밍으로 전송한다. 넷플릭스 고객은 TV, PC, 모바일 등 인터넷이 연결되는 모든 디바이스를 통해 언제 어디서나 콘텐츠 시청이 가능하다.

1997년 리드 헤이스팅스와 마크 린돌프Marc Randolph가 설립한 넷플릭스는 원래 영화 DVD를 대여해 주는 회사였다. 미국 오프라인 DVD 대여 산업을 지배하고 있던 블록버스터와 차별화하기 위해 1999년부터 DVD 우편배달 서비스를 시작했다.

넷플릭스 웹사이트에 접속해 10만 개가 넘는 영화 목록에서 보고 싶은 작품들을 선택하면 최상위에 있는 DVD를 우편으로 배달해 줬다.[6] 감상한 DVD는 딸려 온 반송 봉투에 담아 우체통에 넣으면 된다. 반납한 DVD가 넷플릭스에 도착하면 대여 목록에 등록된 다음 DVD를 배송했다. 인터넷을 활용한 세계 최초의 '온라인 영화 렌탈 사업'이었다. 인터넷으로 DVD를 주문해 받아 보고, 손쉽게 반납할 수 있는 서비스는 당시로선 파격적이었다.

당시 블록버스터 고객들은 연체료 제도에 불만이 많았다. 사실상 연체료로 이익을 내고 있는 블록버스터를 넘어서기 위해 넷플릭스는 연체료를 없앴다. 대신 월 정액제를 실시해 매달 일정 요금을 내면 DVD를 무제한으로 빌려줬다. 연체료가 없어도 DVD 반환은 순조롭게 이뤄졌다. 소비자 입장에서는 DVD를 빨리 반납하고 다음 DVD를 빌리는 편이 이득이기 때문이다.

월 정액제가 도입되자 가입자가 매달 지불하는 구독료가 넷플릭스의 유일한 매출액이 되었다. 가입자에게 부과하는 여러 단계의 요금제와 가입자 수가 매출로 이어지는 단순한 비즈니스 모델이기 때문에, 지속적인 가입자 유치와 확보한 가입자 유지가 기업 경영의 핵심이 될 수밖에 없다. 월 정액제는 지금까지 이어지고 있다. 현재 미국 내 넷플릭스의 요금제는 화질과 동시 접속자 수에 따라 베이직(9.99달러)과 스탠다드(15.49달러), 프리미엄(19.99달러)으로 나뉜다.

넷플릭스 도약의 계기가 된 영화 추천 시스템은 2000년에 도입되었다. 가입자에게 감상한 영화를 별점으로 평가해 달라고 부탁한 뒤, 그 결과를 바탕으로 좋아할 만한 영화를 자동으로 추천해 줬다. 영화 추천 시스템을 개선할 때는 업계의 폐쇄적인 방식을 깨고 외부 아이디어를 적극 받아들였다. 개발자 대회인 '넷플릭스 프라이즈Netflix Prize'를 개최해 추천 시스템인 '시네매치cinematch'의 정확성을 높였다. 2006년부터 3년간 열린 이 대회에는 186개국에서 4만 개 이상의 팀이 참여했다. 그들의 아이디어를 활용해 추천 시스템의 정확도를 10퍼센트나 올렸다.

인터넷 스트리밍 서비스로 미국 시장을 장악하다

넷플릭스도 위기의 순간은 있었다. 온라인 서비스는 넷플릭스가 먼저 시작했지만, 얼마 지나지 않아 경쟁 업체들 역시 온라인 서비스에 뛰어들었다. 블록버스터는 늦게나마 온라인 서비스를 준비했고, 온라인 서점 아마존Amazon은 조용히 기회를 노리고 있었다. 월마트는 DVD 대여업을 개시해 자사의 DVD 판매업을 유지하려고 애썼다. 할리우드 영화사들도 힘을 합쳐 다운로드 서비스를 테스트했다. 거대 기업들이 충돌하는 가운데, 2004년 190만 가입자에 불과했던 넷플릭스는 여전히 이익과 손실 사이를 오가고 있었다.

　위기에 처한 넷플릭스는 2007년 1월 인터넷 스트리밍 서비스를 도입하며 커다란 전기를 마련한다. 'Watch instantly(즉시 시청)'로 이름 지은 넷플릭스의 인터넷 스트리밍 서비스는 온·오프라인 통합 방식으로 운영되었다. DVD 우편배달 서비스 이용자에게 추가 비용을 받지 않고 온라인 스트리밍 서비스를 제공한 것이다. 월 이용료는 7.99달러에 불과했다. 넷플릭스의 스트리밍 서비스는 비싼 요금과 광고에 지친 미국 유료 방송 이용자에게 '광고 없는 콘텐츠'를 선사했다. 신규 가입자는 가파르게 증가했고 기존 가입자도 넷플릭스를 떠나지 않았다. 무엇보다 인터넷 스트리밍 서비스를 도입하면서 점점 커지고 있는 온라인 콘텐츠 시장을 선점하는 효과를 낳았다. 넷플릭스가 미국 미디어 산업의 빅뱅 파괴자로 떠오른 시점이다.

　온·오프라인 서비스를 병행하던 넷플릭스는 2010년 스트리밍 전용 서비스를 내놓으며 사업의 축을 인터넷 스트리밍으로 전환한다. 그때부터 N스크린(하나의 콘텐츠를 여러 기기에서 즐길 수 있도록 하는 기술) 전략을 지속 추진한다.[7] 넷플릭스는 TV, PC, 스마트폰, 태블릿 등 디바이스에 관계없이 이용자가 원하는 콘텐츠를 감상할 수 있도록, 특정 디바이스를 구동시키기 위한 프로그램을 만들 때 필요한 기준인 인터페이스API를 외부에 공개했다. 넷플릭스는 오픈 API 정책을 통해 PC 일변도에서 벗어나 서비스 가능 단말기를 확대해 나갔다. 현재는 스마트TV, 셋톱박스, 블루레이 플레이어, 게임콘솔인 엑스박스 360·소니의 PS 시리즈·닌텐도 위Wii 그리고 스마트폰, 태블릿 등에서도 시청할 수 있다. 넷플릭스가 주도하는 생태계가 구축된 셈이다.

오리지널 콘텐츠로 글로벌 시장을 사로잡다

넷플릭스는 인터넷 스트리밍 서비스를 시작하면서 가입자가 급증하자 콘텐츠 구매 예산을 크게 늘렸다. 그러나 월트디즈니와 스타츠Startz 같은 콘텐츠 제공자와 가격 협상에서 마찰을 빚으면서 콘텐츠 수급에 어려움을 겪게 된다. 무섭게 성장하는 넷플릭스에 대한 콘텐츠 업계의 견제가 본격화된 것이다.

콘텐츠 제공자의 반발은 넷플릭스가 오리지널 콘텐츠 제작에 나서는 계기가 되었다. 2012년 넷플릭스는 콘텐츠 자체 제작에 돌입한다. 첫 작품은 드라마 〈릴리해머Lilyhammer〉였다. '기술 위에 쌓아 올린 엔터테인먼트 회사'답게 넷플릭스는 콘텐츠 제작에 빅데이터를 활용했다.[8] 가입자의 콘텐츠 소비 데이터를 이용해 취향을 분석한 뒤 선호에 부합하는 콘텐츠를 만들었다. 이런 과정을 거쳐 나온 정치 드라마 〈하우스 오브 카드House of Cards〉는 2013년 에미상 3관왕을 차지하며 큰 성공을 거둔다.

가입자 유치와 유지를 위해서는 고품질의 독점 콘텐츠 공급이 필수적이다. 넷플릭스 역시 '콘텐츠 독점적 권리 확보'에 주력하고 있지만, 훌루Hulu, 아마존 같은 만만치 않은 경쟁자가 나타나면서 인기 있는 TV 시리즈나 영화의 판권을 확보하기 위한 경쟁이 심화되는 상황이다. 콘텐츠의 희소가치를 위해 넷플릭스는 특히 오리지널 콘텐츠 제작에 공을 들이고 있다. 자체 제작은 판권 구매보다 거액이 투입되지만, 한 번 투자하면 영구히 사용할 수 있기 때문에 이득이라는 판단에서다.

2016년 넷플릭스 연차 보고서2016 Netflix Annual Report에 따르면, 2013년 넷플릭스의 미국 내 가입자는 3342만 명이었다. 그 후 3년간 평균 14퍼센트 성장을 거두며 2016년에는 4943만 명이 미국에서 넷플릭스를 이용했다. 2017년 6월 현재 미국 내 가입자 포함 전 세계 가입자 1억 명 시대를 열었다. 가입자가 지속 감소하고 있는 케이블TV와는 딴판이다. 미국 내 가입자 증가율이 전에 비해 둔화되긴 했지만, 이미 포화 상태에 이른 유료 방송 시장의 가입자 확보 경쟁이 치열해진 탓으로 보인다.

미국 시장의 성장이 느려지자 넷플릭스는 해외로 눈을 돌렸다. 네트워크 인프라가 필요 없는 온라인 스트리밍 사업자라는 장점을 살려, 2010년 캐나다를 시작으로 2011년 남미와 카리브해 전역, 2012년 유럽에 진출했다. 2015년에는 아시아 최초로 일본 시장에 도전했다. 넷플릭스의 해외 가입자는 2013

년 1093만 명에서 2016년 4437만 명으로 3년간 해외 가입자 수가 평균 60퍼센트씩 늘었다고 넷플릭스 연차 보고서는 분석한다. 2017년 현재 중국과 북한, 시리아 등을 제외한 190여 개국에 서비스를 제공하고 있다. 2016년 말 기준 넷플릭스의 전체 가입자는 9380만 명이다. 그중 47퍼센트에 달하는 4437만 명이 해외 가입자다.

인터넷을 통한 콘텐츠 시청

세계 미디어 산업에 혁신을 일으킨 핵심 주체는 바로 OTT다. 넷플릭스도 대표적인 OTT 사업자다. 인터넷을 통해 영화나 방송 등 미디어 콘텐츠를 제공하는 서비스를 'Over The Top'이라고 한다. 여기서 'Top'은 셋톱박스를 뜻한다.

전통적인 방송 산업은 '방송 프로그램 – 방송국 – 방송망 – TV 수상기'로 이어지는 단일한 산업 구조를 지니고 있다. 그러나 OTT 서비스는 다수의 콘텐츠, 다수의 플랫폼, 다수의 단말기 간 다양한 조합이 가능해 새로운 서비스를 창출할 수 있다. OTT의 개념은 계속 확장되어 요즘에는 셋톱박스의 유무를 떠나 TV, PC, 태블릿, 스마트폰 등 다양한 디바이스에 인터넷 기반 동영상 서비스를 제공하면 OTT라고 한다.

OTT 사업자는 빅뱅 파괴자의 세 가지 특징, 즉 규율에 얽매이지 않는 전략, 거침없는 성장, 부담 없는 개발을 실행하면서 미디어 산업을 흔들고 있다. 빅뱅 파괴자는 다양한 기하급수적 기술을 서비스 출시와 운영에 활용하고, 시장에 나와 있는 제품 또는 소프트웨어와 재결합해 연구 개발 비용을 절약한다. 케이블TV 사업자와 통신 사업자가 구축한 가정용 인터넷 연결망을 OTT 사업자가 활용하는 것이 후자의 대표적 사례다.

에버렛 로저스Everett Rogers에 따르면 혁신 제품은 혁신자, 조기 수용자, 초기 다수 이용자, 후기 다수 이용자, 지각 수용자의 단계를 거쳐 시장에 확산된다. 그러나 빅뱅 파괴자는 초기 사용자와 나머지 모든 사람들로 이어지는 2단계만 거치며 시장을 급속히 장악한다.

OTT 서비스는 제공 형태에 따라 VOD를 중심으로 하는 사업자, 실시간 방송을 중심으로 하는 사업자, 두 서비스를 결합해 제공하는 사업자로 분류된다. OTT라고 하면 VOD(video on demand·인터넷을 통해 원하는 영상을 원하는 시간에 제공하는 서비스) 서비스만을 떠올리기 쉽지만, 최근 들어 실시간 방송 서비스도 선보이고 있다. VOD형 사업자에는 지상파, 케이블TV 같은 기존 방송 사업자, 버라이즌Verizon 같은 통신 사업자, 애플Apple 같은 단말기 제조사가 있다. 넷플릭스도 여기에 속한다.

실시간 방송형 사업자는 보다 실험적이다. 이들은 기하급수적 기술을 적극 활용한다. 2013년 미국 뉴욕에서 설립된 에어리오Aereo는 '클라우드를 기반으로 한 지상파 방송 전송 대행' 서비스를 선보였다. 월 사용료가 케이블TV의 10분의 1 정도에 불과하고 지상파 방송을 녹화해 볼 수 있다는 편리성 덕분에 폭발적인 인기를 누렸다. 에어리오는 데이터 센터에 3.8센티미터 크기의 마이크로 안테나를 설치하고, 가입자별로 개별 안테나를 할당해 온라인으로 지상파 방송을 송출했다. 이용자는 케이블선이나 셋톱박스 없이도 인터넷을 이용해 원하는 기기로 자신만의 안테나를 조정하고 실시간 방송을 즉시 또는 녹화해 시청할 수 있었다.

에어리오의 등장은 미디어 업계에서 논란을 일으켰다. 에어리오가 서비스를 시작하기도 전부터 ABC, CBS 등 뉴욕 방송 사업자들은 저작권 침해를 주장하며 법원에 서비스 중지 명령을 요청했다. 에어리오가 이용한 DVRdigital video record 기술은 일종의 저장 서버로, 지상파 신호를 수신해 실시간 스트리밍을 해주는 시설 관리 장치다. 지상파는 보편적 방송으로 세계 어느 나라나 시청자가 안테나를 통해 직접 방송 신호를 수신하고 개인적인 목적으로 콘텐츠를 녹화할 수 있는 권리가 있다. 에어리오 측은 시청자의 권리에 따라 DVR을 이용해 지상파를 일대일로 송신했기 때문에 저작권 문제가 없다고 주장했다. 법원은 항소심까지 에어리오의 주장을 받아들였지만, 유사한 서비스가 캘리포니아 법원에서 서비스 중지 명령을 받자 2014년 6월 '클라우드 재전송에 기초한 에어리오 서비스는 저작권 침해'라는 최종 판결을 내렸다. 미국의 에어리오 저작권 침해 판결은 시장의 혁신보다 시장의 질서를 중시한 결과다.

일본에서도 비슷한 사례가 있었다. 2003년 서비스를 시작한 '녹화넷録画ネット'은 텔레비전 튜너카드를 내장한 '텔레비전 컴퓨터'를 판매했다. 텔레비전 컴퓨터에는 수신한 프로그램을 인터넷을 통해 송신하는 소프트웨어가 설치되어 있었다. 이용자가 구입한 텔레비전 컴퓨터는 지바현 마쓰도시에 있는

녹화넷 시설에 보관되었는데, 마쓰도시를 지나가는 텔레비전 전파를 수신해 하드 디스크에 계속 녹화했다. 이용자는 컴퓨터를 원격 조정해 보고 싶은 프로그램을 녹화 또는 실시간으로 시청했다. NHK와 민방은 녹화넷의 텔레비전 컴퓨터가 공중송신권 침해라고 주장했고, 재판부는 지상파 방송국의 손을 들어줬다.

에어리오와 녹화넷의 실험은 실패로 돌아갔지만 끊임없는 기술의 진화는 빅뱅 파괴자의 출현을 예고하는 조기 경보일지 모른다. 일본 총무성 정보통신 태스크포스 위원인 사사키 도시나오佐々木 俊尚는 지상파의 지역별 방송 권역을 넘나드는 '플레이스 시프트place shift' 방식은 커다란 잠재적 위험성을 숨기고 있다고 분석한다. 그동안 규제 덕분에 보호되어 온 텔레비전 업계가 지상파 방송의 디지털화 이후 통신사나 벤처 기업 등 새로운 참가자에게 잠식당할 가능성이 높다는 것이다. 일단 문이 열리기만 한다면 텔레비전 세계는 IT라는 거대 물줄기에 눈 깜짝할 사이에 먹혀 버릴 수 있다. 방송 산업계 전체가 역동적인 혁신의 실험장이 되고 있다.

코드커팅은 일어날 것인가

소비자가 가입한 케이블TV, 위성 방송 등 유료 방송을 해지하는 '코드커팅', 유료 방송의 고가 요금제를 저렴한 요금제로 바꾸는 '코드셰이빙[9]', TV가 아닌 기기로 콘텐츠를 시청하는 '제로TV[10]'는 OTT 서비스가 기존 미디어 산업에 미치는 영향을 단적으로 보여 주는 현상이다.

미국 컨버전스 컨설팅 그룹은 2008년부터 2012년까지 미국 유료 방송 가입자 중 3퍼센트인 358만 명이 코드커팅을 한 것으로 추정했다.[11] 반면 OTT 서비스 기업인 넷플릭스는 2011년 미국 최대 케이블TV 컴캐스트의 가입자 수를 추월했다. 2013년에는 대표적인 유료 채널 HBO도 제쳤다. 북미 지역 인터넷 스트리밍 트래픽 순위에서도 유튜브를 압도하며 1위 자리에 올랐다.

OTT 서비스의 코드커팅 효과에 대해 논란이 있는 것은 사실이다. '유료 방송 해지를 유발한다'고 주장하는 사람들은 OTT 서비스가 전통적인 방송 시장을 근본적으로 바꿀 '파괴적 기술disruptive technology'이라고 말한다. 유료 방송에 비해 요금이 저렴하고, VOD 방식을 이용하며, 다양한 디바이스를 통해 시청할 수 있기 때문에 OTT 서비스가 유료 방송 시장을 충분히 잠식할 수 있다는 지적이다. 여러 분야의 사업자가 OTT 서비스에 뛰어든다면, 과거와는 전혀 다른 미디어 산업 구조가 나타날 수 있어 코드커팅이 가속화된다는 입장이다. 나아가 스마트 기기의 확산과 인터넷 환경의 개선으로 소비자가 유료 방송에 가입하지 않고도 언제 어디서든 원하는 TV 프로그램이나 영화를 볼 수 있게 되었다며, 유료 방송 사업의 존립에 대한 우려의 목소리마저 들린다.

일각에선 'OTT 서비스의 위협이 과장되었다'고 반론한다. OTT 서비스가 기존 방송 사업자에게 부정적 영향을 미치는 건 사실이지만, 타격이 제한적이고, 기존 방송의 대체재가 아닌 보완재 역할에 그칠 것이라고 주장한다. 그러면서 기존 방송 사업자들도 서비스 다각화 전략으로 OTT 서비스를 잘 활용하고 있다고 강조한다.

물론 OTT로 인한 코드커팅이 아직 현실화되지 않았다는 분석이 지배적이다. 실제로 넷플릭스는 유료 방송 사업자와 직접 경쟁하는 서비스를 제공하고 있지는 않다. 미국인이 가장 선호하는 실시간 방송 콘텐츠인 뉴스나 스포츠는 취급하지 않는다. 그래서 OTT 서비스가 유료 방송의 보완재라는 주장에 힘이 실리는 것도 사실이다. 문제는 '앞으로도 이런 관계가 지속될 것인가'이다.[12]

OTT 서비스를 이용한 플랫폼의 파급력을 고려할 때, 유료 방송 코드커팅은 충분히 가능한 일이다. 다만 단기간 내 승부가 나지는 않을 것이다. OTT 사업자들이 기존의 콘텐츠 사업자에게 콘텐츠를 제공받는 등 의존도가 크기 때문이다. 콘텐츠 보유량이 많은 할리우드 메이저 콘텐츠 사업자들이 콘텐츠 공급 가격을 올리거나 공급을 피하는 식의 전략을 세운다면 사업 자체가 어려워질 수 있다.

그러나 OTT 서비스 플랫폼의 가입사 수가 늘어나면 상황은 달라진다. 대표적인 OTT 사업자인 넷플릭스가 전 세계 1억 명이 넘는 가입자를 확보하며 무시할 수 없는 파급력을 지니게 되자, 콘텐츠 제공자 입장에선 어떤 사람의 수요가 다른 사람의 수요에 의해 영향을 받게 되는 '가입자 네트워크 효과[13]'를 고려할 수밖에 없게 되었다. 넷플릭스 같은 글로벌 OTT 사업자에게 콘텐츠를 제공하지 않을 수 없는 환경으로 바뀌고 있는 것이다.

N스크린으로 시청 가치를 혁신한다

"미래의 미디어 플랫폼은 통합되는 방향으로 진화할 것이다. 미래의 C세대connected generation가 언제 어디서나 원하는 화면을 통해 콘텐츠를 즐기고 소통할 것이기 때문이다."

AT&T의 총괄이사 고든 브라운Gordon Brown이 미국 최대 위성 방송 업체 '디렉TV'를 인수하며 한 말이다.[14] 스트리밍 서비스는 '멀티 디바이스 지원'과 '이어보기 기능'을 가진다. 불과 몇 년 전까지만 해도 즐겨 보는 TV 프로그램의 방영 시간에 맞춰 귀가하는 사람들이 있었다. 그러나 이제는 스마트 기기만 있으면 원하는 시간에 원하는 장소에서 콘텐츠 시청이 가능해졌다. 'TV 에브리웨어everywhere'가 현실이 된 것이다. 바야흐로 N스크린 시대다.

N스크린은 여러 디바이스로 하나의 콘텐츠를 이용하는 것과 서로 다른 디바이스를 통합해 이용하는 것으로 나뉜다.

쉽게 말해, 전자는 집에서 TV로 드라마를 보다가 외출해서는 스마트폰으로 시청하는 형태다. 후자는 슈퍼스타K 같은 서바이벌 프로그램을 TV로 보다가 시청자 투표에 참여하기 위해 스마트폰에 애플리케이션을 다운받아 투표하는 통합 이용 시스템을 의미한다.

그동안 미디어 업계에선 N스크린이라고 하면 첫 번째 관점인 '콘텐츠 이동성' 측면에서 이해하는 경향이 컸다. 그러나 넷플릭스가 DIAL discovery and launch 기술을 유튜브에 처음 제안하면서 이종異種 디바이스 간 통합의 관점에서도 N스크린 논의가 본격화되고 있다. DIAL은 개방형 멀티스크린 프로토콜로, 스마트폰이나 태블릿 등 2차 스크린의 애플리케이션이 TV, 블루레이 플레이어, 셋톱박스 등 1차 스크린의 애플리케이션을 찾고, 이를 1차 스크린에서 실행하는 기술이다.[15] 간단히 말해 스마트폰 화면을 TV 화면에 띄우는 것이다.

넷플릭스가 호환되는 디바이스를 확대하는 까닭은 시청자의 콘텐츠 이용 경험을 확장하기 위해서다. N스크린은 시청 가치를 혁신한다. DIAL은 서로 다른 디바이스를 통합해 가입자의 콘텐츠, 서비스 이용의 편리성과 가치를 높여 N스크린 서비스를 한 차원 더 고도화한다. 자신이 원하는 시간과 장소에서 시청하는 비선형 시청, TV와 스마트폰 등을 동시에 이용하는 멀티태스킹 시청, 시리즈 선제를 한 번에 몰아 보는 시청, 감상한 시리즈와 비슷한 주제의 영화를 찾아보는 빈지 페어링(binge pairing·몰아서 같이 보기)과 같이 N스크린 서비스로 인해 시청 행태가 다원화되었다. 이용 가능한 스크린이 많을수록 소비자의 콘텐츠 이용이 증가한다는 분석에서 나타나듯, N스크린 기술은 사업자에게 소비자를 묶어 두는 효과를 제공한다. 스크린 수의 증가로 콘텐츠를 소비하는 시간이 늘어나자 소비자는 더 많은 콘텐츠를 구매하고 지속적으로 이용하게 되는 것이다.

디바이스 확장

삼성전자, 파나소닉, 샤프 등 주요 가전사가 미국에서 판매하는 스마트TV의 리모컨에는 넷플릭스 전용 빨간 버튼이 달려 있다. 이른바 넷플릭스 인증 TV인데, TV 인스턴트 온, TV 재시작, 넷플릭스 최신 버전, 빠른 애플리케이션 시작, 빠른 재시작, 넷플릭스 버튼, 간편한 넷플릭스 아이콘 액세스 등 7가지 기술 기준[16]에서 5가지 이상을 만족하면 넷플릭스 인증을 부여한다. 넷플릭스는 전용 애플리케이션이 탑재된 새로운 인증 TV를 매년 발표한다. 여기에 삼성, LG, 소니 등 세계적 가전사가 참여하고 있다. 소비자의 시청 가치를 높이기 위한 넷플릭스의 노력이다.

아마존, 애플, 구글은 각각 자체 플랫폼인 아마존 스토어, 애플 스토어, 구글플레이 스토어와 독자적 디바이스를 보유하고 자사 콘텐츠를 우선 공급하지만, 넷플릭스는 자체 플랫폼도,

독자적 디바이스도 없이 모두를 지원하는 개방 전략을 추구한다. 다양한 디바이스 제조사와 제휴하기 위해 넷플릭스는 아예 자사의 API를 공개했다. 공개를 통해 오히려 다양한 기기에서 서비스가 제공될 수 있는 기반이 마련되었다.

아마존(킨들), 애플(아이폰, 아이패드), 누크(Nook; 태블릿), 디링크(D-Link; 셋톱박스), 인시그니아(Insignia; 블루레이 플레이어), 로지테크(구글TV), MS(Xbox 360), 닌텐도(Wii), 파나소닉(블루레이 플레이어, TV, 홈시어터), 필립스(블루레이 플레이어, 홈시어터), 로쿠(셋톱박스), 삼성(블루레이 플레이어, 홈시어터, TV, 태블릿), 소니(블루레이 플레이어, 구글TV, PS3), 티보(DVRs), 웨스턴 디지털 등 인터넷 연결이 가능한 1500여 종의 디바이스에서 넷플릭스 이용이 가능하다.[17] OTT 서비스 중 가장 많은 디바이스를 지원한다. 넷플릭스는 N스크린 서비스를 가장 활발히, 가장 성공적으로 추진하고 있는 기업으로 꼽힌다.

데이터가 경쟁력이다

"20세기에 석유가 가장 가치 있는 자원이었다면, 지금 가장 중요한 자원은 데이터다."

영국 경제지《이코노미스트》의 주장이다. 오늘날 데이터는 곧 경쟁력이다. 글로벌 기업들이 데이터를 축적한 '빅데이터 팩토리' 확보에 총력을 기울이는 이유다. 빅데이터는 21세기의 원유다. 원유가 정제 과정을 거쳐 고부가 가치의 다양한 제품으로 탄생하듯, 데이터 활용을 위해서는 먼저 가치 있는 데이터를 확보하고 축적해야 한다.

롱테일 개념의 창시자인 크리스 앤더슨Chris Anderson은 한발 더 나아간다.[18]

"21세기 경제학의 비밀은 이베이ebay나 월마트를 비롯한 우리 주변 기업들의 서버에 있다. 이런 기업들의 관리자들은 서버에 저장된 자료를 날마다 검색하면서 중요한 것과 쓸모없는 것을 구분해서 트렌드를 파악하고 그에 대한 준비를 한다."

데이터는 새로운 경제적 가치와 혁신의 원천이다. 기업들은 고객에게 제품을 추천하기 위해 이용자의 무수히 많은 활동을 분석한다. 빅데이터에 대한 정의는 다양하지만, 빅데이터의 권위자인 옥스퍼드대 빅토르 마이어 쉰베르거Viktor Mayer Schonberger 교수에 따르면, '빅데이터에 관한 엄밀한 정의는 없으며, 빅데이터란 큰 규모를 활용해 더 작은 규모에서

는 불가능했던 새로운 통찰이나 새로운 형태의 가치를 추출해 내는 일'이다.[19]

　빅데이터 분석 기술은 진화하고 있고, 적용 분야도 광범위하게 확장되고 있다. 인공지능을 활용한 빅데이터 분석 기술이 미디어와 엔터테인먼트 분야와도 융합되고 있다. 인공지능으로 빅데이터를 분석해 고객이 무엇을 원하는지 정밀하게 파악하면 최적의 사업 전략을 구사할 수 있다. 데이터 분석을 통해 시험 답안지를 미리 보고 시험을 치르는 셈이다.[20] 중국 기업 샤오미가 냉장고를 만들든 체중계를 만들든 목표는 하나다. 사용자의 데이터 수집이다.

　유튜브는 구글의 미디어 데이터 팩토리이고, 아마존의 데이터 팩토리는 1999년에 인수한 세계 최대의 영화 데이터베이스 IMDb다.[21] 35만 편의 영화 정보를 보유한 IMDb에 현재 한 달에 2억 명이 넘는 사람들이 영화평을 올리고 있다.[22] 미국 통신 사업자 버라이즌도 고객 정보 수집을 위해 야후와 AOL을 인수했다. 최근 애플이 넷플릭스를 인수하려 한다는 보도 역시 같은 맥락에서 이해할 수 있다. 아마존, 구글과 경쟁하기 위한 데이터 팩토리가 필요한 것이다. 넷플릭스는 이미 전 세계 1억 명의 가입자를 확보했다. 매일 1억 2500만 시간의 영상 콘텐츠 소비에 관한 데이터가 쏟아진다.

　넷플릭스는 가입자의 방대한 소비 자료를 분석해 경영

의 근간으로 활용해 왔다. 빅데이터의 힘으로 넷플릭스는 단기간에 동영상 시장을 장악할 수 있었다.

넷플릭스 양자이론에 입각한 추천 시스템

정보 수집의 시대는 지났다. 이제는 추천의 시대다.[23] 쏟아지는 정보 중 어떤 정보가 중요하고 보다 가치 있는지 잘 선택하는 것이 과제가 되었다.[24] 수작업으로는 도저히 분류할 수 없는 양이다. 그래서 빅데이터 분석이 중요하다. 빅데이터 분석은 어떤 제품이나 서비스에 대해 느끼는 감상 중 이용자의 의견과 가장 비슷하며, 가장 신뢰도 높은 의견을 찾아내 이용자에게 추천해 준다.

　N스크린 시대가 열리면서 소비자는 다양한 디바이스에서 수많은 콘텐츠에 접근할 수 있게 되었다. 선택할 수 있는 콘텐츠 양이 증가한 만큼 선호하는 콘텐츠를 발견하기가 어려워진다. 이른바 '발견의 병목bottleneck of discovery' 현상이 일어난다. 과거보다 더 많은 시간과 비용을 들여야만 원하는 콘텐츠를 찾을 수 있다. 일종의 '풍요의 역설'이다. 소비자는 원하는 콘텐츠를 최대한 빨리 찾아 줄 수 있는 미디어 사업자를 원하게 된다.

　넷플릭스는 빅데이터 기술을 활용해 콘텐츠를 발견하는 과정에서 소비자가 겪는 어려움을 줄여 준다. 소비자의 미디어 이용과 콘텐츠 소비 행태를 분석해 콘텐츠를 언제, 어디서, 어떻게 이용하는지 이용 맥락을 파악하고, 디바이스별 상황에 따른 시청자 성향을 밝혀낸다. 분석 결과는 콘텐츠 추천의 기반이 되어 개별 소비자의 시청 형태에 맞게 콘텐츠가 큐레이션된다. 넷플릭스의 추천 시스템은 아마존과 더불어 세계 최고 수준으로 평가받고 있다. 강력한 추천 시스템은 빅데이터 분석에 기초하고 있다.

2000년 넷플릭스는 '시네매치'라는 콘텐츠 추천 시스템을 도입했다. 인터넷으로 영화를 주문받아 우편으로 배달하던 시기였다. 도입 초기에는 가입자의 영화 평점 자료를 기반으로 영화 순위를 분석했다. 추천을 위해 복잡한 통계 방법까지 활용했지만 당연히 지금처럼 정교하지는 못했다. 가입자도 적었고, 분석 기술도 지금과 비교할 수 없는 수준이었다. 그래서 2006년 추천 시스템 알고리즘 개선을 위해 콘테스트를 개최했다. 3년에 걸친 콘테스트 결과, 추천 알고리즘의 정확성이 10퍼센트나 향상되었다.

시네매치는 넷플릭스가 자랑하는 데이터 자산이다. 가입자들이 자신이 감상한 영화에 별 5개까지 평점을 매기면 시네매치가 이를 활용한다. 추천 시스템의 알고리즘은 사람과 사람의 관계성에 기초한 협업 필터링collaborative filtering을 기반으로 한다. 사용자의 행위 A가 향후 B라는 행위에 어떤 영향을 주는지 분석한다. 가입자가 어떤 영화를 봤고, 몇 개의 별점을 줬으며, 페이스북에 어떤 피드백을 남기는지 분석한 뒤, 이런 행동과 유사한 성향을 보인 사람에게 유사한 영화를 추천하는 방식이다. 개인 맞춤형 추천을 위해 가입자의 평점 자료 외에도 위치 정보, 디바이스 정보, 플레이 버튼 클릭 수, 평일과 주말에 따른 선호 프로그램, SNS에서 언급된 횟수 등 매우 다양한 자료를 분석한다.

넷플릭스는 영화 장르를 세분화해 무려 7만 6897개로 분류한다.[25] 액션, 로맨틱 코미디, 호러 등 구시대적 장르 구분이 아니라, '어느 지역 영화region + 부사adjectives + 명사 장르noun genre + ~에 기초한based on... + 배경은 어디이며set in... + 누가 만들었고from the... + ~에 관한 것이며about... + 타깃 연령대는 X에서 Y다for age X to Y' 같은 식으로 구분한다. 이렇게 분석해서 예컨대 '고양이에 관한 폭력적인 스릴러, 타깃 연령대는 8~10살'과 같은 구체적인 장르를 탄생시킨다.[26]

넷플릭스의 추천 알고리즘은 기업 기밀 사항으로 많이 알려져 있지는 않다. 초기에는 헤이스팅스가 직접 알고리즘을 고안한 것으로 알려졌다. 시중에 나온 정보에 따르면, 넷플릭스 직원들은 메타데이터를 작성하기 위해 36페이지짜리 문서에 꼼꼼하게 각 영화의 정보를 채워 넣는다. 일일이 수작업으로 입력한다. 내부적으로는 이를 '넷플릭스 양자이론Netflix quantum theory'이라 부른다. 양자는 물리학 용어로 더 이상 나눌 수 없는 물질의 최소 단위를 의미한다. 영화를 쪼갤 수 있는 최소 수준까지 나눠 최대한 정밀하게 분석한다. 영상을 데이터화하는 아날로그와 디지털의 협업이다.

性적인 수위는 어느 정도인지, 얼마나 잔인한지, 얼마나 로맨틱한지, 주인공은 얼마나 도덕적인지, 결말이 해피엔딩인지까지 모든 정보를 1~5점까지 점수로 수치화해 입력한다. 어떤 이야기가 나오는지, 주인공의 직업과 촬영 장소도 입력 대상이다. 이러한 최소 요소들의 조합을 만든 뒤 사용자가 '기분이 좋아지는 영화'라는 검색어를 입력하면, 기계가 다양한 요소를 결합해 개인 맞춤형 영화를 추천한다. 사용자에게 영화를 추천할 때는 기계어가 아니라 사람들의 취향에 따른 분류로 제시한다. 예컨대 '해피엔딩 5점을 받은 영화' 대신 '기분이 좋아지는 영화'라는 형식으로 태그를 달아 추천한다.

물론 빅데이터 분석에도 한계는 있다. 사람의 시청 패턴은 정형화되어 있지 않고 상황에 따라 바뀐다. 사용자의 과거 데이터에 기초한 추천이 현재에는 맞지 않을 수 있다. 이런 문제를 해결하기 위해 최근에는 기계가 스스로 학습해 서비스를 진화시키는 딥러닝deep learning을 활용한다. 인공지능을 이용해 사용자의 선호도나 영화 감상에 숨어 있는 지표들을 분석 시스템이 스스로 학습하게 만드는 모델을 개발 중인 것으로 알려졌다. 변화하는 시청 패턴을 통해 사용자의 감정 변화까지 읽어 내려는 것이다.

시네매치는 가입자의 만족도를 높여 충성 고객을 늘린다. 정교한 추천 시스템에 만족을 느낀 고객은 숨은 보석을 찾아 계속해서 넷플릭스를 탐험한다. 넷플릭스의 성공 요인을 분석한 래디언트 어드바이저Radiant Advisors의 편집장 린디 라이언Lindy Ryan에 따르면, 2008년 이후 넷플릭스의 고객 이탈률은 꾸준히 감소해 현재 3퍼센트 이하다.[27] 입소문 효과도 무시할 수 없다. 회원 94퍼센트가 넷플릭스의 서비스에 만족하고 넷플릭스를 이용하지 않는 사람에게 소개한다. 신규 가입 회원의 71퍼센트는 지인 추천을 통해 서비스에 가입했다. 시네매치는 재고를 예측하고 관리하는 데까지 활용된다. 최신작에 몰리는 수요를 조절하고 마진율이 높은 오래된 영화로 시선을 이끈다. 빅데이터를 이용해 콘텐츠 인벤토리inventory 관리와 롱테일 마케팅까지 잡은 것이다.

버리는 콘텐츠가 없다

넷플릭스는 OTT 서비스의 대표 주자로 꼽히지만, 보유한 콘텐츠 양은 다른 플랫폼에 비해 상대적으로 적은 편이다. 현재 넷플릭스가 보유한 콘텐츠는 3만 편 안팎으로 추정된다. 그 중 영화 콘텐츠는 1만 400편에 불과하다. 후발 주자인 아마

존 인스턴트 프라임의 8만 5600편에 한참 뒤지는 수치다.[28]

넷플릭스는 절대적인 콘텐츠 양의 부족을 앞서 살펴본 7만 가지가 넘는 세분화된 분류로 메운다. 사실 수만 개의 콘텐츠를 개인이 전부 시청하는 것은 물리적으로 불가능하다. 따라서 미디어 사업자가 확보한 콘텐츠 수가 일정 수준에 도달하면 그 이상의 양 불리기는 의미가 없어진다. 중요한 것은 유효 콘텐츠 수를 늘려 콘텐츠의 가치를 높이는 것이다. 콘텐츠 양에 비해 유효 콘텐츠 수가 적다면 콘텐츠 큐레이션에 실패했다고 볼 수 있다.

넷플릭스는 콘텐츠 큐레이션의 경제적 효과를 두 가지로 구분한다.[29] 첫째는 유효 콘텐츠의 수를 늘리는 것이다. 유효 콘텐츠란 확보된 콘텐츠 가운데 실제 소비자가 시청하는 콘텐츠를 말한다. 대부분의 사람은 잘 알려진 콘텐츠를 시청하기 때문에, 모든 사람에게 동일하게 인기 콘텐츠를 추천하면 그 콘텐츠는 이용률이 높아지지만, 나머지 비인기 콘텐츠는 이용되지 않는다. 시청되지 않는 콘텐츠는 해당 콘텐츠의 제작비나 구매비를 매몰시킨다. 하지만 맞춤형으로 큐레이션하면 비인기 콘텐츠에 대한 시청이 늘면서 그만큼 유효 콘텐츠도 증가한다. 넷플릭스는 큐레이션을 통해 유효 콘텐츠가 4배가량 늘었다고 밝혔다.

둘째는 콘텐츠를 추천할 때 이용자의 선택률을 높이

는 것이다. 아무리 좋은 콘텐츠를 추천한다고 해도 시청을 결정하는 것은 결국 이용자다. 넷플릭스는 자신들의 큐레이션 알고리즘을 통해 선택률을 크게 개선했다고 밝혔다. 경제적 효과가 뒤따르는 것은 당연했다. 넷플릭스의 발표에 따르면 2015년 매출 69억 달러 가운데 큐레이션의 매출 기여도가 10억 달러에 달한다.

과거의 시청 이력만 가지고는 빠르게 바뀌는 고객의 취향을 정밀하게 추적하기 힘들다고 판단한 넷플릭스는 매일 축적되는 고객 데이터를 바탕으로 큐레이션 서비스를 꾸준히 개선해 왔다. 그 결과 현재 넷플릭스에서 시청되는 콘텐츠의 80퍼센트는 넷플릭스가 추천한 콘텐츠다.[30] 가입자 선호 리스트에 저장되는 작품의 70퍼센트는 넷플릭스 추천 시스템이 추천하는 작품이다.[31]

콘텐츠 큐레이션을 성공적으로 활용하며 적은 양의 콘텐츠로 가입자를 만족시킨 넷플릭스는 콘텐츠 수급 비용도 줄여 나갔다. 제조업에서 경영의 효율을 위해 가능한 한 재고를 적게 가지고 있어야 하는 것처럼, 시청 선호가 높은 콘텐츠를 중심으로 구매나 제작을 최소화해 콘텐츠 수급 비용을 줄였다. 일명 '콘텐츠 인벤토리'다. 양보다 질로 승부하는 효율적 재고 관리 방식인 셈이다.

직감이 아니라 데이터로 콘텐츠를 구입한다

'잠재 매출액보다 높은 판권 비용을 요구하는 콘텐츠는 수급하지 않는다.' 넷플릭스의 콘텐츠 구매 원칙이다. 다른 플랫폼에 비해 콘텐츠 수가 현격히 적은 넷플릭스는 재고율을 낮추는 콘텐츠 인벤토리를 시행하며 빈약한 콘텐츠 수를 메꾼다. 월 정액제 특성상 가입자가 증가할수록 콘텐츠당 효율이 올라간다. 콘텐츠 양이 적을수록 이득인 것이다. 전형적인 데이터 경영 사례다.

넷플릭스가 빅데이터 분석을 바탕으로 콘텐츠를 구매하게 된 데는 콘텐츠 공급자의 견제도 한몫을 했다. 2011년 스트리밍 시장이 급격히 성장하자 전통적인 콘텐츠 공급자들은 견제 전략의 방편으로 콘텐츠 비용을 급격하게 올렸다. 새로운 미디어 사업자의 성장에 위협을 느낄 때 주류 미디어 사업자가 택하는 전형적인 대응이었다. 콘텐츠 공급을 거절하거나 공급 비용을 높여 시장 잠식을 막는 것이다. 혁신 미디어 사업자인 넷플릭스는 콘텐츠 수급 비용 문제로 위기를 맞게 되었다.

콘텐츠를 자체 제작하는 대안이 있었지만, 자체 제작에는 막대한 비용이 들어간다. 당시 비용 조달 문제를 겪고 있던 넷플릭스는 곧바로 자체 제작에 나서기보다는 빅데이터를 이용해 협상에 나섰다. 정형화된 시청률 지표가 아닌 이용자별로 다른 비정형화된 시청 횟수, 피드백 등을 종합 평가해 콘텐츠 사업자와의 협상 카드로 사용했다. 표준화되지는 않았지만 실질적인 시청자 지표를 통해 협상력을 강화한 것이다. 콘텐츠 사업자가 콘텐츠 제공 비용을 높이려고 하면, 기존 비용과 유사한 효과를 낼 수 있는 다른 콘텐츠를 검토했다. 빅데이터 분석 결과, 대체가 가능하다는 진단이 나오면 계약을 진행하지 않는다. 콘텐츠 사업자와 긴장 관계를 유지해 구입 비용을 적정하게 관리하는 전략이다.[32]

넷플릭스는 콘텐츠를 구입할 때 개별 프로그램의 계약 기간별 예상 시청 시간을 분석, 계산한 뒤 판권 비용을 책정한다. 구매 계약을 연장할 때도 마찬가지다. 해당 프로그램의 실적을 철저히 평가해 판권 비용을 재조정한다. 콘텐츠 수가 절대적으로 부족한 상황에서도 넷플릭스는 콘텐츠별 이용률 예측 프로그램을 통해 콘텐츠 구매 예산을 최적화하고 있다.

전설의 시작 〈하우스 오브 카드〉

"우리는 어떤 사람들이 넷플릭스를 주목하는지 알고 있으며, 시청자 관련 자료를 바탕으로 어떤 프로그램을 얼마나 많은 사람이 볼 것인지를 말할 수 있습니다."

헤이스팅스는 빅데이터 분석을 통해 가입자가 선호하는 콘텐츠를 예측할 수 있다고 말한다. 미디어, 엔터테인먼트 산업에서는 콘텐츠를 제작하고 투자할 때 높은 리스크가 발생한다. 콘텐츠 상품의 효용 가치는 소비자의 만족이나 즐거움으로 발현되기 때문에 수치로 측정되기 힘들다. 소비자조차 자신이 느끼는 효용을 정확히 인식하기 어렵다. 효용 가치를 표준화하기 어려운 상황에서 미디어 사업자는 불확실성을 안은 채 콘텐츠 기획과 제작, 투자를 선행해야 한다. 특히 방송 콘텐츠처럼 일회성 소비 상품의 경우 생산자가 직면하는 수요의 불확실성은 극대화된다. 그러므로 생산자의 최대 목표는 수요의 불확실성을 최소화하는 것이 된다.

빅데이터는 콘텐츠의 기획, 제작, 투자 시 위험을 분산하는 유용한 도구가 된다. 넷플릭스는 빅데이터 분석으로 콘텐츠를 제작해 성공을 거둔 최초의 미디어 기업이다. 자체 제작 드라마인 〈하우스 오브 카드〉의 제작비 1억 달러 역시 동일한 주제의 콘텐츠 구매 비용과 예상 수익을 분석해서 책정되었다. 넷플릭스는 BBC 원작 〈하우스 오브 카드〉의 판권을 구매한 뒤 BBC 드라마 시청자들의 성향과 반응을 분석했다. 그리고 그들의 공통된 특징을 추려 냈다. 하루 평균 3000만 건의 동영상 재생 기록과 400만 건에 달하는 이용자 평가, 300만 건이 넘는 검색 정보와 위치 정보, 단말기 정보도 분석했다. 어디에서 일시 정지가 일어나고 되감기가 이뤄지는지 모두 분석했다. 심지어 영상물의 색깔 톤과 음량까지 조사했다. 상상할 수 있는 모든 정보를 분석했다.[33] 여기에 시청률 조사 업체인 닐슨을 비롯한 시장 조사 업체들이 제공하는 메타데이터와 페이스북, 트위터에서 입수한 데이터까지 모조리 분석해 시청자의 성향을 낱낱이 파악했다.

이용자 분석 결과, BBC 원작을 본 사람들은 데이비드 핀처David Fincher 감독과 배우 케빈 스페이시Kevin Spacey를 특히 좋아한다는 사실을 확인했다. 분석 결과에 따라 두 사람을 각각 연출과 주연 배우에 포진시켰다. 빅데이터를 활용해 감독과 주연 배우까지 선정한 것이다. 제작자의 직감을 배제하고 데이터를 활용한 전략적 제작이다.

〈하우스 오브 카드〉에 소요된 편당 제작비는 한화 약 90억 원 정도다. 미국 미디어 사업자나 할리우드 제작사가 드라마를 제작할 때 쓰는 편당 제작비의 평균이라고 볼 수 있다. 넷플릭스는 자체 제작비로 1억 달러를 투입했지만 그들이 얻은 효용은 이보다 훨씬 크다. 오리지널 콘텐츠의 최대 장점인 영구 판권 소유, 구매 대체 효과에 따른 판권 비용 절감, 무엇보다 제작에 대한 노하우 확보 등 전체 효용 면에서 큰 성공을 거두었다고 평가된다.

이처럼 넷플릭스는 최소한의 비용을 투입해 효율을 극대화하는 자체 콘텐츠 제작 시스템을 구축해 가고 있다. 〈하우스 오브 카드〉의 성공 방식을 적용해 제작된 드라마 〈오렌지 이즈 더 뉴 블랙Orange is the New Black〉과 〈햄록 그로브Hemlock Grove〉 등은 많은 마케팅 비용을 들이지 않고도 초반 흥행에 성공했다. 자체 제작 콘텐츠에 대한 투자는 확대되고 있다. 넷플릭스는 2017년 한 해 동안 콘텐츠 수급에 총 60억 달러를 투자할 계획인데, 그중 약 20억 달러를 자체 제작에 투자한다. 오리지널 장르도 드라마, 영화를 넘어 리얼리티 쇼까지 확대할 예정이다.

빅데이터를 이용한 콘텐츠 현지화

넷플릭스는 빅데이터 분석을 통해 콘텐츠의 구매나 제작 여부를 결정하는 그들만의 명료한 기준을 가지고 있다. 해외에 진출할 때는 콘텐츠의 현지화 전략을 구사하는데, 이때도 시청자 성향과 선호도에 관한 빅데이터를 수집, 분석해서 사업에 적용한다. 2013년 네덜란드에 진출할 당시 네덜란드 불법 파일 공유 사이트를 분석해 사람들의 콘텐츠 선호를 파악했다.[34] 분석 결과 네덜란드에서 가장 인기 있는 프로그램이 〈프리즌 브레이크Prison Break〉라는 것을 발견하고는 네덜란드 방영권을 구입했다. 실시간 인기도는 〈더 보이스The Voice〉가 더 높았지만, 넷플릭스는 실시간 채널이 없고 VOD 형태로만 제공하는 OTT 사업자이기 때문에 제공 목록에서 제외했다.

2016년 초 한국에 진출한 넷플릭스는 국내에서도 다양한 오리지널 콘텐츠를 제작하고 있다. 봉준호 감독의 신작 영화 〈옥자〉에 역대 한국 영화 제작비 중 최고액인 제작비 전액 5000만 달러를 투자해 제작을 마쳤다. 2017년 6월 29일 극장과 넷플릭스를 통해 동시에 공개되어 상영 중이다. 여기에는 넷플릭스의 투자 원칙이 반영됐다. 본래 독창적인 소재들에 공격적인 투자를 해온 넷플릭스는 봉준호 감독의 전작 〈설국열차〉가 독특한 소재임에도 글로벌 콘텐츠로서 성공했다는 점에 주목했다. 여기에 한국 진출 시 진입 장벽을 낮출 수 있다는 점도 고려했다.

물론 반발이 뒤따랐다. 6월 29일 개봉한 〈옥자〉는 국내 최대 멀티플렉스(CGV, 롯데시네마, 메가박스)에서 상영되지 않는다. 대형 상영관들의 거부로 국내에서는 독립 극장을 비롯한 소규모 극장에서만 〈옥자〉를 만날 수 있다. 극장에서 상영되지 않고 인터넷 스트리밍되는 영화는 영화 생태계를 파괴할 뿐 아니라, 영화로 인정할 수 없다는 입장이다. 반발은 한국에서만 일고 있는 것이 아니다. 〈옥자〉가 칸 국제 영화제 경쟁 부문에 초청되자 페드로 알모도바르 심사위원장은 영화를 보기도 전에 노골적으로 불편한 심기를 드러냈다. 프랑스 극장협회까지 나서 칸 영화제를 비판했다.

그럼에도 넷플릭스의 한국 오리지널 콘텐츠 투자는 계속된다. 〈옥자〉에 이어 한국 첫 오리지널 드라마로 천계영 작가의 웹툰 〈좋아하면 울리는〉이 제작됐다. 조선 시대를 배경으로 한 좀비 소재의 드라마 〈킹덤〉은 큰 인기를 끌었다. 기획 당시 좀비 소재 드라마의 국내외 흥행 여부를 파악하기 위해 기존의 빅데이터 분석 자료를 활용한 것으로 알려졌다. 〈킹덤〉은 2018년 한국을 포함한 전 세계 190여 개국에서 공개되었다. 영화 〈옥자〉를 비롯해 국내 드라마, 예능 콘텐츠 제작을 통해 넷플릭스의 인지도를 높이려는 콘텐츠 현지화 전략이 담겨 있다.

할리우드의 제작 방식을 바꾸다

할리우드에서도 넷플릭스의 성공을 벤치마킹해 영화 제작에 빅데이터를 도입하고 있다. '에파고긱스Epagogix'는 영화의 성공 가능성을 분석해 주는 프로그램이다. 영화 대본을 읽은 사람들이 수백 개의 항목에 점수를 매기면 에파고긱스가 점수를 기반으로 영화의 흥행 가능성을 알려 준다. 평가 항목에는 주인공의 도덕적 성격, 스토리의 복잡성, 러브 스토리의 전개 등이 포함되어 있다. 할리우드의 블록버스터 영화는 대규모 제작비가 투자되기 때문에 흥행에 실패하면 제작사, 투자사에 엄청난 타격이 온다. 이런 이유로 메이저 영화사들은 에파고긱스 알고리즘을 활용해 리스크를 관리한다.[35]

할리우드 영화 〈첸나이 익스프레스Chennai Express〉는 빅데이터 활용의 성공 사례로 평가된다. 10억 건 이상의 트위터 메시지 분석 결과를 바탕으로 영화를 기획하고, SNS 분석을 통해서 마케팅 전략을 수립해 영화 흥행에 성공했다. 유니버설도 영화 개봉 시점을 정할 때 빅데이터 분석 결과를 활용한다. 통상 영화 개봉 초기에 총 매출의 30퍼센트 내외가 좌우된다. 경쟁 작품을 피하고 흥행할 수 있는 시기를 정해 수익성을 극대화하기 위해 영화 개봉 시점을 결정하는 데 빅데이터 분석을 활용한다.[36]

드림웍스 픽처스 역시 '감성 분석sentiment analytics'을 통해 대중의 반응을 살핀다. 감성 분석은 소비자가 SNS나 특정 콘텐츠에 대해 남긴 자신의 경험이나 의견을 긍정적 감성은 +1, 부정적 감성은 −1 등으로 수치화하는 방식이다. 이와 함께 분석 대상자의 사회적 프로필을 확인해 영화 개봉 전 지역별, 연령별 감성을 파악한다. 이러한 방식을 이용해 보다 정확한 대상을 상대로 차별적 마케팅을 실시한다. 개봉 전 감성 분석을 통해 애니메이션 영화 〈장화 신은 고양이〉의 대중 반응이 크지 않고 부정적이라는 사실을 파악하고, 대중의 인식을 바꿀 광고를 제작해 흥행에 성공했다.

5   기술 위에 쌓아 올린 엔터테인먼트 회사

어댑티브 스트리밍

넷플릭스는 콘텐츠 회사가 아니다. 기술 회사도 아니다. 기술 위에 쌓아 올린 엔터테인먼트 회사다. 전체 직원 3200명 중 1000명이 고급 엔지니어다.[37] 실리콘밸리와 할리우드를 통틀어 콘텐츠와 기술, 두 가지를 모두 잘하는 회사는 넷플릭스가 유일하다.

넷플릭스 기술의 핵심은 단연 스트리밍 서비스다. 언제 어디서든, 어떤 기기를 이용하든 영상을 끊김 없이 볼 수 있는 것이 중요하다. 넷플릭스는 인터넷 스트리밍 서비스 품질을 높이기 위해 개발한 핵심 기술을 지속적으로 고도화하고 있다. 넷플릭스는 OTT 서비스의 핵심 비디오 전송 기술인 '어댑티브 스트리밍adaptive streaming' 방식을 사용한다. 어댑티브 스트리밍이란, 디바이스와 인터넷의 데이터 속도에 맞게adaptive 적절한 화질로 자동 최적화해 주는 머신러닝이 결합된 기술이다. 콘텐츠 특성을 인공지능으로 분석하고, 동일한 전송 속도에서 화질을 높여 준다.

IPTV(internet protocol television·초고속 인터넷망을 이용하여 제공되는 양방향 텔레비전 서비스)의 경우 관련법상 일정 수준의 네트워크 전송 품질을 확보해야 하지만, 넷플릭스를 이용하는 이용자는 일정한 수준의 품질이 보장되지 않는 불안정한 공공 인터넷망을 이용해 콘텐츠를 시청하게 된다. 넷플릭스는 이런 환경에서 콘텐츠를 시청하는 이용자를 위해 어댑티브 스트리밍을 이용한다. 비디오 콘텐츠를 약 30가지 전송 품질로 구분해 서버에 인코딩encoding해서 저장해 두면 시시각각으로 변하는 이용자의 인터넷 환경에 적합한 품질로 자동 조정된다. 화질 조절이 미세해 이용자는 변화를 감지하지 못한다. 4인치짜리 스마트폰 화면이든 55인치 크기의 TV 화면이든, 무선 인터넷이든 초당 500bps 인터넷 환경이든 자동으로 네트워크 속도를 인식해 끊김 현상 없이 콘텐츠를 시청할 수 있게 만드는 기술이다.

화질 개선에도 적극적이다. 화질은 영상 콘텐츠 품질의 핵심 요소다. 넷플릭스는 콘텐츠의 화질 개선을 위해 2016년 초부터 HDR(HDR10), 4K 기술을 서비스에 적용했다. HDR이란 색의 표현 범위를 넓힌 표준이다. 기존 TV는 8비트 컬러(약 1677만 색상)만을 표현할 수 있다. HDR은 이러한 색상 표현의 범위를 10비트(10억 7000만 색상)로 확장한 것이다. 밝고 어두운 부분의 대조가 더욱 눈에 띄고, 밝은 부분은 더 밝게 어두운 부분은 더 어둡게 표현할 수 있다. 콘텐츠의 색상이 더욱 실제에 가까워진 것이다. 사용자는 폭발 장면 등에서 이러한 차이를 실감할 수 있다. 상용화된 서비스 가운데 HDR 콘텐츠 송출을 지원하는 업체는 넷플릭스와 아마존TV뿐이다.[38] 2017년 하반기에는 화면 특성을 인식해 데이터 전송을 최적화하는 머신러닝 영상 엔진을 적용할 계획이다. 풍경과 같이 단순한 화면과 화려한 액션 장면에 필요한 데이터 전송량과 전송 속도를 구분해 최적화된 화질을 구현할 예정이다. 영상의 디테일이 현실적일수록 시청자가 이야기에 더 몰입하게 되고 시청 시간이 더 길어진다. 소비자를 넷플릭스에 더 오래 머무르게 하는 방법이다.

오픈 커넥트 서버

스트리밍 서비스 고객의 최대 불만은 불안정한 전송 속도와 콘텐츠 전송 품질이다. 예를 들어 콘텐츠 시청이 몰리는 저녁 시간대가 되면 트래픽이 충돌해 이용자들은 안정적인 스트리밍 속도를 보장받지 못한다. 이를 해소하기 위해서 고품질의 인프라와 함께 높은 수준의 전송 기술이 필요하다. 넷플릭스는 2011년 어댑티브 스트리밍의 진화된 형태인 자체 콘텐츠 전송 네트워크 '넷플릭스 오픈 커넥트 서버Netflix open connect server'를 도입했다.[39]

가령 넷플릭스의 콘텐츠인 〈옥자〉를 시청하는 이용자가 서울에 많다면, 〈옥자〉가 담긴 서버를 KT라는 네트워크 사업자에게 넘겨 트래픽 충돌이 일어나지 않도록 한다. 콘텐츠를 30가지 전송 품질로 인코딩해 이용자의 네트워크 환경에 맞게 제공한다. 이용자의 네트워크 환경에 관계없이 동영상이 끊기지 않고 화질도 보장될 수 있도록 기술 개발과 운용에 과감히 투자한 결과다. 콘텐츠 소비 과정에서 발생할 수 있는 소비자의 불편을 혁신하고자 하는 넷플릭스의 노력이다.

넷플릭스가 이러한 혁신 실험을 지속할 수 있었던 데는 클라우드 시스템의 적극적 활용이 한몫을 했다. 클라우드 도입 전에는 실험을 위해 하드웨어를 직접 구매하고 시스템을 구축해 제대로 작동되도록 설치해야 했다. 기존 시장에 없었던 신기술을 도입하기 전에 이를 검증하기 위해 특정 방식이나 아이디어를 구현해 그 타당성을 확인하는 '개념 증명'에 드는 시간이 길었다. 그러나 대규모 미디어에 클라우드를 적용한 후로는 개념 증명에 시간과 비용을 낭비할 필요가 없었다. 클라우드 시스템을 바탕으로 오랜 기간 축적된 기술을 이용해 짧고 빠른 실험을 지속할 수 있었다. 그 결과 혁신의 속도가 빨라졌다.

스트리밍 서비스에 적용되는 기술 자체는 복잡하지만, 사용자가 접하는 모든 것들은 무조건 쉽고 간편해야 한다. 넷플릭스는 사용자가 편리하게 콘텐츠를 소비할 수 있도록 UI와 UX도 지속적으로 개선하고 있다. 2016년 11월 미국 등에서 동영상 미리보기 디자인을 홈 화면에 적용했다.[40] 특정 시리즈의 제목을 클릭하기 전 포커싱(마우스의 화살표 올려두기)만 해도 주요 내용을 요약한 짧은 동영상이 재생된다. 사용자의 몰입도와 시청 경험을 높이는 디자인이다.

2017년 넷플릭스는 콘텐츠 부문에 60억 달러, 기술 부문에 10억 달러를 투자할 계획이다. 기술과 콘텐츠의 결합은 새로운 근육을 만든다. HBO는 콘텐츠로 케이블 시장을 재정의했다. HBO는 위대한 콘텐츠 회사지만 위대한 테크 회사는 아니다. 이것이 넷플릭스와 HBO의 차이다.[41] 향후 좋은 콘텐츠는 혁신적인 기술 기반에서 탄생할 것이다. HD, UHD가 그랬고 VR, AR, MR도 그럴 것이다.

6 오픈 이노베이션을 통한 넷플릭스 생태계 구축

오픈 이노베이션

필요한 기술과 자원을 내부에 모두 보유하고 있는 조직은 없다. 결국 고객에게 차별적인 가치를 계속해서 제공하는 기업이 되기 위해서는 외부의 기술과 자원이 필요하다. 오픈 이노베이션open innovation이 필요한 이유다.

오픈 이노베이션의 창시자 체스브로Henry W. Chesbrough는 오픈 이노베이션을 두 가지로 구분한다. 바깥의 아이디어와 기술력을 자사의 혁신 프로세스에 포함하는 '아웃사이드-인 outside-in' 전략과 자사에서 사용하지 않는 이론이나 기술을 바깥으로 내보내 다른 사람들이 사용할 수 있도록 하는 '인사이드-아웃inside-out' 전략이다.[42] 현재 오픈 이노베이션 프로세스는 체스브로 교수가 이 개념을 처음 제시했던 2003년과 조금 달라졌다. 오픈 이노베이션의 추진 형태가 단순 기술 소싱이나 벤처 투자를 넘어 혁신 생태계 구축까지 범위를 넓혀 나타나고 있다. 최근 오픈 이노베이션의 흐름을 보면 R&D 중심에서 제품 기획, 제품 개발, 마케팅 등 기업의 가치 창출 활동 전반으로 추진 영역이 확장되고 있다.

추진 방식 역시 진화되고 발전되었다. 일방one way이 아니라 양방two way이다. 이전에는 외부 아이디어를 내부 혁신 과정에 유입하는 방식이 주로 사용되었다면, 최근에는 특허나 데이터를 공개하는 등 내부 혁신의 결과물을 외부와 공유해 가치를 확대, 재생산하는 방식이 늘고 있다. 고객이 혁신의 주체가 되는 '이용자 중심형'으로 진화하고 있는 것이다. 그래서 고객뿐 아니라 다양한 이해 관계자들이 참여할 수 있는 플랫폼을 구축하는 것이 오픈 이노베이션의 핵심으로 떠오르게 되었다. 이용자의 관점에서 필요한 가치를 찾아 시장을 선점하기 위해 이해 관계자들과 상호 작용하며 기술과 주요 데이터를 확대 재생산한다.[43] 넷플릭스가 혁신적으로 시도한 '넷플릭스 프라이즈'가 대표적 사례다.

넷플릭스 프라이즈

넷플릭스는 2006년 10월 2일부터 2009년 6월 29일까지 약 3년간 넷플릭스 프라이즈를 개최했다. 영화 추천 시스템의 알고리즘 성능을 개선해 정확도를 향상하기 위해서였다. 상금은 무려 100만 달러였다. 추천 정확도를 10퍼센트 이상 향상시킨 첫 번째 팀에게 수여된다. 정확도를 10퍼센트 올린다는 의미는 예컨대 별 5개가 만점일 때 가입자의 별점을 별 반 개 또는 4분의 3개 이내로 정확하게 예측한다는 뜻이다.

　　대회를 위해 참가자에게 1억 건에 달하는 영화 평점 데이터를 공개했다. 수년에 걸쳐 쌓아 온 내부 자산을 외부에 무료로 배포한 셈이다. 1억 건은 당시로서는 획기적인 데이터양이었다. 말 그대로 '미치지 않고서야' 이럴 수는 없었다. 막

대한 양의 데이터와 개방적 분위기는 도전자의 호기심을 불러일으키기에 충분했다. 양도 양이지만, 무엇보다 실제 데이터를 가지고 연구할 수 있다는 점이 프로그래머들의 연구욕을 자극했다. 그 결과 데이터 마이닝 전문가뿐만 아니라 컴퓨터 공학자, 수학자, 소프트웨어 분야의 아마추어 실력자, 심지어 심리학자까지 참여했다. 대회 시작 후 약 3년간 186개국에서 4만 팀 이상이 참여했다. 그들은 넷플릭스가 운영하는 게시판에 자신의 성과를 공개하고 토론 그룹에서 의견을 주고받으며 세계 최고의 추천 엔진을 만들어 갔다.[44] 공정성을 위해 넷플릭스는 각 팀의 성과를 자세히 알 수 있는 공개 게시판을 운영해 순위를 매겼다. 순위에 따라 매년 대회 시작일이면 높은 순위를 차지한 팀에게 발전상과 5만 달러의 상금을 수여했다. 온라인 게시판에는 수많은 솔루션이 등장했고, 그중에서 대회가 시작된 지 일주일 만에 실제로 추천 시스템의 성능을 개선한 것도 있었다. 한 달 사이에 팀은 수천 개로 늘어났고 1등은 추천 시스템의 정확도를 4퍼센트나 끌어올렸다. 각 팀은 하루에 한 번만 솔루션을 제출할 수 있었지만, 전세계의 참가자들은 개발자 대회 온라인 토론장에서 하루 종일 토론을 벌였다.

3년여의 치열한 경쟁 끝에, 2009년 6월 미국, 이스라엘, 캐나다, 호주 등 4개국 출신 7명의 연구자로 구성된 'BellKor's

Pragmatic Chaos'팀에게 100만 달러의 넷플릭스 프라이즈가 주어졌다. 추천 정확도 10퍼센트 향상은 오픈 이노베이션이 낳은 최대 성과다.

개방과 제휴를 통한 넷플릭스 생태계

넷플릭스는 개방과 제휴를 통해 글로벌 인터넷TV 플랫폼 생태계를 구축한다. 넷플릭스와 같은 빅뱅 파괴자는 다른 협력자의 지원을 받아 기존 제품이나 소프트웨어 같은 요소들을 재결합한다. 실험에 들어가는 비용을 줄여 보다 저렴한 비용으로 시제품을 출시하는 방식이다. 다른 사람들이 개발한 새로운 기술이나 도구들을 잘 조합하는 능력 역시 혁신의 비결이다. 이런 실험은 보통 인터넷, 클라우드 컴퓨팅, 수명 주기가 빠른 모바일 기기를 토대로 하는 개방형 플랫폼에서 진행된다. 실험은 연구실 안에서만 이루어지지 않는다. 현장에서, 시장에서 직접 이루어진다. 성과가 없더라도 실험은 계속된다.

넷플릭스는 N스크린 서비스의 활성화를 위해 디바이스 제조사와 제휴한다. N스크린 서비스는 단순히 이용 가능한 기기 수를 늘리는 것이 아니라 서비스를 확장한다. 서비스 확장은 다양한 디바이스 기반의 가입자를 확보해 콘텐츠 이용을 확대하고 수익을 창출한다. N스크린 서비스의 활성화가 가입자 확대를 위해 반드시 필요한 작업임을 인지했지만, 넷플릭스는 디바이스 개발에 직접 나서지 않았다. 스크린 수를 확장하기 위해서는 자사 전용 디바이스보다는 기존 디바이스 제조사와 제휴하는 편이 낫다는 판단에서였다.

넷플릭스는 2008년 10월 자사 API를 외부에 공개하면서 소프트웨어 개발자와 함께 넷플릭스 생태계를 구축했다. 외부 개발자가 자사가 가지고 있는 영화, TV 프로그램에 대한 정보와 사용자의 대여 정보에 접근해 다양한 애플리케이션을 개발하여 판매할 수 있도록 했다. 공개한 API를 TV 제조사, 셋톱박스, 게임기 제조사가 활용하면서 다양한 기기에서 서비스가 제공될 수 있는 기반이 마련되었다. 현재 넷플릭스의 인터넷 스트리밍 서비스를 이용할 수 있는 디바이스는 1500여종이 넘는 것으로 알려져 있다. 빅뱅 파괴자의 특징 중 하나인 외부 자원의 활용을 통해 부담 없는 개발을 진행한 것이다.

N스크린 서비스의 성공을 위해서는 서비스 플랫폼의 영향력을 높여야 한다. 콘텐츠 사업자, 단말기 제조사, 통신 사업자 등 다양한 시장 참여자가 참여하는 N스크린 서비스는 이들의 협조가 무엇보다 중요하다. 이때 협조는 시장 참여자가 플랫폼을 통해 얻는 부가 가치가 공유될 때 이루어진다. 넷플릭스가 보유한 1억 명의 가입자는 시장 참여자와의 제휴에 좋은 촉매제가 된다. 가령 콘텐츠 제공자는 콘텐츠 시청자가 많을수록 더 높은 콘텐츠 사용료를 요구할 수 있기 때문에

넷플릭스가 확보한 1억 명의 가입자를 기반으로 하면 콘텐츠 제공 사업자들은 더 많은 수익을 창출할 수 있다. 현재는 1억 명이 넘는 가입자 확대로 플랫폼 영향력이 높아진 넷플릭스의 제휴사가 되기 위한 경쟁이 치열하다. 넷플릭스는 콘텐츠 제공 통로를 확대하며 미디어 사업자로서 자신의 경쟁력을 강화했다. 그 과정에서 독단과 독점이 아닌, 제휴와 협력을 택했다. 넷플릭스가 보여 준 하드웨어 업계와의 적극적인 협력과 API 공개는 생태계 경쟁에서 관계 리더십의 중요성을 시사하는 선례라고 볼 수 있다.

넷플릭스는 유튜브와 협력해 N스크린 기술의 대안으로 제시한 새로운 개방형 프로토콜(컴퓨터 간에 정보를 주고받을 때의 통신 방법에 대한 규칙과 약속) DIAL을 무료로 배포했다. 그러면서 자사의 서비스 밸류 체인 기업인 삼성, 소니와 같은 디바이스 제조사와 훌루, BBC와 같은 콘텐츠 사업자들의 DIAL을 활용한 N스크린 기술 확장에 참여를 제안하고 있다.[45] 시청자의 콘텐츠 이용 경험을 극대화하는 동시에, 이해 관계자들과 함께 소비자의 시청 행태 변화에 대비하며 혁신적 생태계 조성을 이끌고 있다.

넷플릭스는 개방과 제휴를 통해 콘텐츠 제공 통로를 확대하며 미디어 사업자로서 경쟁력을 강화해 왔다. 넷플릭스가 보유한 기술을 사회적 자산으로 만드는 동시에 자신이 중심이 되는 생태계를 구축했다. 카이스트 교수 김진형은 디지털 타임스와의 인터뷰를 통해 "개방, 공유, 참여의 사상은 제4차 산업 혁명을 가능케 하는 으뜸 정신이다. 특히 AI 분야에는 우수한 공개 SW가 많다. 알파고를 훈련시킨 것과 같은 기계 학습용 공개 SW 도구만 40여 개가 된다. 또한 공동으로 구축하는 공개 데이터 활동도 활발하다. 이러한 공개 SW와 공개 데이터는 관련 기술 수준을 최고의 수준으로 일반화한다. 즉 누구나 세계 최고 수준의 기술을 사용할 수 있도록 한다. SW 생태계에서 공개 SW의 영향력은 이미 상용 제품을 뛰어넘었다"라고 말한 바 있다.

꼬리가 몸통을 흔든다

콘텐츠 유통 구조의 변화

넷플릭스는 1997년부터 2006년까지 영화를 인터넷으로 주문받고 우편으로 배달했다. DVD 1개당 배송 비용은 78센트였다. 넷플릭스가 오프라인 서비스를 중단할 때까지 DVD를 우편으로 배달하기 위해 들인 비용은 총 6억 달러에 달했다.[46] 그러나 2007년 인터넷 스트리밍 서비스를 시작하면서 상황이 급변한다. 90분 분량의 콘텐츠를 스트리밍하는 데는 5센트밖에 소요되지 않았다. 운송비를 10분 1 이하로 낮춘 셈이다. '우편배달'이 '디지털 배달'로 바뀌면서 생긴 변화다.

디지털 기반의 제품은 데이터베이스 형태로 저장되기 때문에 보관비가 거의 들지 않는다. 이용자의 구매 방식도 다운로드나 스트리밍이라 유통비가 제로에 가깝다. 별도의 판매망 구축도 필요하지 않다. 반면 케이블TV 사업자는 가입자의 집마다 광케이블선이나 동케이블선을 연결해야 한다. 위성 방송 사업자는 우주 정지 궤도에 위성체를 띄우고, 지상에는 방송 신호를 위성체에 전달하는 업링크uplink 시스템을 구축해야 한다. 전국적인 판매망과 서비스 센터도 필요하다.

인터넷 스트리밍이라는 신기술은 콘텐츠 유통 구조에 혁신을 가져왔다. 제작(제작된 영화를 DVD 등으로 복제하는 작업), 진열, 유통에 들어가는 비용을 절감하고 원가 경쟁력을 확보했다. 여기서부터 혁신이 시작된다. 절감된 비용을 고품질의 콘텐츠 확보와 소비자 불편을 개선하는 혁신 기술 개발에 투입하고, 가입자에게 보다 저렴한 서비스를 제공하는 것이다.

넷플릭스는 디지털 경제의 흐름을 간파하고 인터넷이라는 기하급수적 기술을 적시에 활용한 대표적인 기업이다. 크리스 앤더슨은 이미 2006년에 넷플릭스의 빅뱅 파괴 혁신을 예측했다.

"디지털 동영상 시장이 케이블TV가 제공하는 주문형 비디오에서 구글 비디오와 같은 웹에 기반을 둔 동영상 집산자aggregator들로 이동하고 있다. 이럴 경우 넷플릭스는 앞으로 영화 시장을 장악하고 변화를 주도할 것이다."

그의 예측대로 넷플릭스는 동영상 시장의 디지털 집산자가 되어 혁신을 주도하고 있다.

롱테일의 법칙

"주크박스에서 선택할 수 있는 1만 종의 앨범 중 분기당 단 한 곡이라도 팔린 앨범이 몇 퍼센트나 될 것 같나요?"

디지털 주크박스 업체 '이캐스트Ecast'의 CEO 로비 반-아디베Robbie Vann Adibe가 크리스 앤더슨에게 물었다. 앤더슨은 상위 20퍼센트 히트 상품이 전체 매출액의 80퍼센트를 만든다는 '파레토 법칙'을 떠올렸다. 하지만 로비가 저렇게 질문한 데는 예상을 뒤엎는 결과가 있을 것이라 생각해 '50퍼센트'라고 답했다. 그러자 로비는 '98퍼센트'라는 놀라운 수치를 말했다. 롱테일의 창시자 크리스 앤더슨이 틈새시장의 중요성을 알게 된 일화다.

오랜 기간 기업의 마케팅은 '머리'에 집중해 왔다. 시장통계 분포를 보면 머리 부분과 꼬리 부분으로 나뉘는데, 머리를 우선 공략하면 꼬리는 자연스레 따라오게 된다는 생각에서였다. 《뉴 노멀new normal》의 저자 피터 힌센Peter Hinssen은 이런 단순한 전략이 오랫동안 유지된 이유를 "꼬리는 개척하기 어려운 땅으로 여긴 반면, 머리는 쉽게 딸 수 있는 낮게 달려 있는 과일이라 여겼기 때문"이라고 해석한다. 그러나 이제는 다르다. 인터넷과 디지털 유통으로 그동안 주목받지 못했던 다양한 비주류 상품이 틈새시장을 만들고, 전통적인 주류 상품의 수요를 초과하는 현상이 발생했다. 이를 '롱테일long tail'이라 부른다.

롱테일 현상은 미디어, 엔터테인먼트 산업 분야에서 먼저 나타났고 특히 두드러지고 있다. 이제 블록버스터의 시대가 가고 롱테일의 시대가 오고 있다. 인기 있는 블록버스터 영화, 드라마, 게임이 과거처럼 수익을 독차지하지는 못한다. 롱테일은 다양함의 경제에서 비롯한다. 미디어, 엔터테인먼트 산업에서 공급과 수요 사이의 병목 현상이 사라지면 롱테일은 무한히 길어질 수 있다.

롱테일을 확장하려면 틈새 상품의 구입 비용을 낮춰야 한다. 그러기 위해서는 '유통 구조의 대중화'와 '수요와 공급의 연결'이 필수적이다. 유통 구조의 대중화를 위해서는 디지털 집산자 모델을 구축해야 하는데, 집산자란 여러 회사의 상품이나 서비스에 대한 정보를 모아 하나의 웹사이트에서 통합 서비스를 제공하는 회사를 말한다. 디지털 집산자는 영상 콘텐츠를 하드 디스크에 저장한 뒤 광대역 네트워크를 통해 유통한다. 넷플릭스는 디지털 집산자 역할을 하는 대표적 기업이다. 미디어 플랫폼 중 가장 먼저 인터넷 스트리밍 서비스를 출시하고, 데이터로 저장한 영화와 드라마를 이용자에게 인터넷으로 전송했다.

　　틈새 상품의 구입 비용을 낮추는 두 번째 방안인 수요와 공급의 연결에서는 추천 시스템의 역할이 매우 중요하다. 수요자와 공급자 사이에 자리한 장애물이 사라지면 사람들은 원하는 상품을 쉽게 발견할 수 있다. 추천 시스템을 통해 콘텐츠 소비의 개인화가 이루어지면 가입자의 콘텐츠 만족도도 증가한다. 지금처럼 콘텐츠 과잉 제공 시대에는 사업자가 제공하는 콘텐츠가 많아질수록 수요와 공급을 연결해 주는 추천 시스템, 큐레이션, 검색의 중요성이 커진다. 이런 이유로 추천 시스템은 강력한 마케팅 엔진으로도 작동한다. 넷플릭스는 최신작에 몰리는 수요를 조절하고, 오래된 영화를 추천해 롱테일을 창출했다. 때로는 소비자조차 알지 못하는 취향까지 찾아내 콘텐츠 공급과 연결시킨다. 고객이 숨은 명작을 발견하는 즐거움에 빠지는 것이 별것 아닌 듯 보이지만, 블록버스터와 치열한 경쟁이 벌어졌을 때 게임의 판도를 뒤집을 수 있는 핵심 요인이었다.

매출의 70퍼센트가 틈새시장에서 나온다

"사람들이 (경쟁사의) 웹사이트에서 빌리는 DVD의 70퍼센트는 새롭게 출시된 것들이며, 30퍼센트는 기존의 제품 목록에 있던 것들이다. 넷플릭스에서는 정반대다. 30퍼센트만이 새롭게 출시된 것들이고, 70퍼센트는 기존 목록에 있던 것들이다."

헤이스팅스는 틈새시장의 중요성을 일찍이 간파했다. 넷플릭스가 오프라인 대여점을 운영했을 때 보유한 DVD 수는 10만 장이 넘었다. 가입자들은 추천 시스템의 도움을 얻어 카탈로그 내 콘텐츠 목록의 3분의 2가 넘는 4만 5000개의 프로그램을 매일 이용했다. 콘텐츠 목록의 95퍼센트가 매달 시청되었다.[47]

넷플릭스 회원들이 경쟁사 회원에 비해 별난 성향을 갖고 있기 때문일까. 그렇지 않다. 시네매치를 통해 개인 맞춤형 영화를 추천해 주는 과정에서 생긴 '새로운 수요' 덕분이다. 넷플릭스는 이용자의 시청 목록과 검색 리스트 등을 분석한다. 그런 다음 이용자들이 정보가 없거나 개봉 시기가 지나 미처 몰랐던 영화를 추천한다. 그러다 보니 새로운 수요가 생기는 틈새시장이 나타난 것이다.

넷플릭스는 틈새시장을 활용해 콘텐츠 구입 비용을 줄인다. 시네매치를 활용해 기존 콘텐츠의 이용률을 높이는 동시에 비교적 콘텐츠 구입 비용이 저렴한 저예산, 비주류 콘텐츠의 소비 순환율도 높인다. 이는 넷플릭스의 비용만을 절감하는 것이 아니다. 이용자 역시 검색에 들이는 시간과 노력이라는 비용을 줄일 수 있다. 시네매치를 이용하면 대략적인 줄거리나 장르 혹은 분위기만 묘사해도 넷플릭스가 알아서 콘텐츠를 찾아 주기 때문이다. 소비자와 기업의 윈윈 전략이다. 추천 시스템을 이용해 틈새시장을 공략하며 롱테일 수요를 확장하는 방식은 넷플릭스의 대표적 혁신 전략이다.

크리스 앤더슨은 생산자에서 소비자에게 도달하는 비용이 절감되는 것을 수면이 낮아지는 현상에 비유한다. 수면이 낮아지면 수면 아래 있던 새로운 땅이 나타난다. 바로 틈새시장이다. 이제껏 드러나지 않아 찾아내기 어려웠을 뿐이지 늘 그 자리에 있던 상품이다. 지역 영화관에서도 상영되지 않은 영화, 지역 방송국에서도 방송되지 않은 음악 등이다. 이제 넷플릭스, 아마존의 온라인 상점에서 그런 상품을 구매할수 있다. 디지털화된 유통 구조 덕분에 보이지 않던 시장이 가시적으로 드러나 고객을 만나게 된 것이다. 미디어와 엔터테인먼트 산업에서는 이러한 롱테일 현상이 새로운 흐름으로 나타나고 있다.

극단의 소비자 편의주의

넷플릭스의 혁신 전략에는 공통적으로 흐르는 두 가지 정신이 있다. 첫째는 혁신 기술과 콘텐츠의 결합이다. 둘째는 극단의 소비자 편의주의다.

넷플릭스가 추구하는 소비자 불편 혁신의 핵심 가치는 서비스 개인화와 고객 편의다. 소비자 분석을 통해 가입자 모두에게 일대일 개인 맞춤 서비스를 제공한다. 전 세계 가입자 1억 명에게 최적화된 1억 개의 서로 다른 넷플릭스 메인 화면이 존재한다. 정해진 시간에 방송사가 일방적으로 콘텐츠를 전송하는 리니어 TVLinear TV와는 비교할 수도 없는 소비자 편의주의다.

국내에서 케이블TV나 위성 방송을 해지할 때 복잡한 절차를 경험한 사람이 많을 것이다. 그러나 넷플릭스는 해지하려는 고객을 귀찮게 하지 않는다. '계정 → 내 계정 해지 → 해지' 순서로 단 세 번의 클릭이면 모든 절차가 끝난다. 복잡한 절차 없이 가입자가 원할 때 떠나고, 원할 때 다시 돌아올 수 있다.

넷플릭스가 추구하는 소비자 편익을 위한 디테일은 국내 이용자에게도 호평을 받고 있다. 아직까지 콘텐츠가 부족하다는 지적이 많지만, 이용하다 보면 묘하게 빠져든다고 한다. 넷플릭스의 편리한 UI가 계속 사용하게끔 만드는 원동력이다. 예를 들어 드라마가 끝나면 엔딩 자막이 나오는 순간 다음 회가 15초 후에 재생된다고 알려 준다. 15초가 지나면 다음 회가 연속해서 재생된다. 사용자는 엔딩 자막을 끝까지 볼 필요도 없고, 다음 회를 직접 재생할 필요도 없다. 몰아보기를 하는 시청자에게 편리한 기능이다.

'프로필 기능'이 있는 계정 공유 서비스도 무척 편리하다. 스탠다드 요금제에 가입하면 2명까지, 프리미엄 요금제에 가입하면 4명까지 프로필을 만들 수 있다. 단순히 아이디를 공유하는 데 그치지 않고 각자의 이름으로 프로필을 생성하면 프로필별로 콘텐츠를 달리 추천해 준다. 계정은 하나지만 4명이 동시에 이용할 수 있다.

북미 소비자를 대상으로 한 설문 조사에서 넷플릭스의 매력 요소로 가격, 다수 계정, 검색이 꼽혔다.[48] 가장 큰 매력 요소인 가격(57퍼센트)을 제외하면, 다수 계정(52퍼센트), 검색(51퍼센트), 다음 에피소드 자동 재생(48퍼센트)과 같은 편의성이 대부분의 매력 요소로 나타났다. 과거 시청 이력을 근거로 한 개인화된 추천(40퍼센트)과 제안 리스트(35퍼센트)도 좋은 반응을 얻었다.

아마존의 창업자 제프 베조스는 "경쟁자가 아마존을 연구할 때 우리는 고객을 연구하자"고 했다. 넷플릭스도 마찬가지다. 아주 작은 부분까지 고객 중심에서 생각했다. 넷플릭스가 DVD 대여업의 절대 강자였던 블록버스터, 미국 최대의

케이블TV였던 컴캐스트를 무너뜨린 원동력은 극단적인 소
비자 편의주의였다.

콘텐츠 소비 방식의 혁신

"책을 조금씩 나눠서 출간하지 않고, 완결된 책 한 권을 만들
어 출간하는 것처럼, TV 시리즈도 그렇게 하길 원합니다. 미
래엔 모든 것을 한 번에 보여 주는 방식이 될 겁니다. 오늘 영
화 두 편을 볼지, 한 편을 볼지 소비자에게 결정권을 줍니다.
소비자가 콘텐츠 소비를 통제하게 될 것입니다."[49]

　　콘텐츠 소비 방식을 소비자가 선택하도록 하겠다는 헤
이스팅스의 말은 허언이 아니었다. 2013년 넷플릭스는 자체
제작한 드라마 〈하우스 오브 카드〉 시즌1에 해당하는 13편을
한꺼번에 배포했다. 시리즈 전체 에피소드를 한 번에 몰아 보
는 '몰아보기 시청binge watching'의 탄생이다.

　　넷플릭스는 반세기 넘는 기간 동안 한 주에 1편씩 편성
해 온 미국 방송사의 시리즈 편성 원칙을 파괴했다. 스트리밍
을 통한 콘텐츠 소비 행태를 면밀히 분석한 뒤, 시청자들이
콘텐츠를 한 번에 몰아 본다는 특성을 파악하고 13편의 에피
소드를 동시에 배포한 것이다. 미국의 한 평론가는 이 사건
을 두고 "TV의 역사는 〈하우스 오브 카드〉 이전과 이후로 나
뉜다"고 평했다.

빈지 페어링 현상도 두드러진다. 빈지 페어링은 시리즈 한 편을 전부 감상한 뒤 다른 시리즈를 시청하기 전에 비슷한 주제의 영화나 다큐멘터리를 소비하는 현상이다. 예컨대 콜롬비아의 마약왕이 주인공인 범죄 드라마 〈나르코스〉를 본 후, 마약 카르텔을 다룬 다큐멘터리 〈카르텔 랜드〉를 보고, 며칠 후 다시 새로운 시리즈를 시작하는 식이다.[50] 이러한 데이터는 콘텐츠 제작에도 활용된다. 콘텐츠 소비 방식이 변하면 스토리텔링 구조 같은 콘텐츠의 속성도 변한다는 사실을 발견하고, 다음 콘텐츠 제작에 반영하는 것이다.

넷플릭스는 영화 〈옥자〉처럼 극장 개봉과 동시에 스트리밍 서비스를 진행하거나, 드라마 전체 분량을 한꺼번에 공개하는 등 방송과 영화 배급 시장의 혁신을 주도하고 있다. 영화 산업의 관행으로 정착된 홀드백(hold back·극장 상영 → DVD 발매 → 유료 채널 상영 → 무료 채널 상영순으로 일정 기간 해당 미디어가 독점적으로 콘텐츠를 배급하는 기간)과 같은 전통적인 배급 방식도 파괴했다.

TV 시청 방식을 완전히 바꾼 넷플릭스는 이제 영화 산업의 메카 할리우드까지 위협한다. 넷플릭스는 이용자가 다양한 선택권을 가지고 원하는 방식으로 영화를 볼 수 있게 해줘야 한다고 주장한다. 이를 두고 일각에서는 넷플릭스가 영화가 상영되는 플랫폼뿐 아니라 기존의 유통 시스템까지 바꿀 수도 있다고 예상한다. 영화가 극장에서 상영되지 않는다면 영화의 개념에 대해 다시 정리해야 한다는 목소리도 나온다. 영화의 본질에 대한 화두를 던지는 것이기도 하다.

업계 전문가들도 '변화는 시대의 흐름'이라는 데 대체적으로 동의하는 분위기다. 온라인 영화 시장의 성장과 넷플릭스, 아마존 같은 OTT 업체들의 적극적인 투자, 온라인 상영에 익숙한 관객의 성향 등을 이유로 변화가 가속화될 것으로 전망한다. 오동진 영화평론가는 "예술의 순혈성을 중시하는 칸에서조차 극장에 유통하지 않는 영화를 초청했다. 그것 자체가 영화계의 주목할 만한 변화를 반영한 것이며 영화 산업의 시스템이 바뀌고 있다"고 했다.[51]

넷플릭스가 영화 산업에 일으킨 혁신의 바람이 심상치 않다. 미디어 산업에 몰고 온 혁신이 미국 미디어 산업의 변화를 촉발시킨 전례를 볼 때 그냥 스쳐 가는 바람이 아닐 것 같다. 방송 시장의 충격을 지켜본 할리우드도 가만히 앉아서 당하고 있지만은 않을 것이다. 지금 시점에서 승자를 예측할 순 없지만, 한 가지 분명한 것은 오직 고객에게만 집중하는 쪽이 승자가 되리라는 사실이다. 헤이스팅스는 말한다.

"영화관에서 파는 팝콘 맛이 좋아진 것 말고 지난 50년간 영화 산업에 무슨 변화가 있었나."

소비자의 콘텐츠 소비 패턴이 바뀌고 있다.

철저한 개인 맞춤 서비스

"고객의 개인화가 이 게임의 핵심이다. 향후 맞춤형 서비스를 많이 제공할 것이다. 클라우드 시스템 비용은 점점 싸지고 있다. 그러므로 고객들을 위해 더 많은 계산을 할 수 있게 된다. 결국 영화 추천을 훨씬 정교하게 할 수 있다."

헤이스팅스는 개인 맞춤 서비스가 미디어 사업자의 핵심 경쟁력이라고 주장한다. 추천 시스템을 활용한 '콘텐츠 시청의 개인화'는 현재 넷플릭스가 가장 집중하는 분야다. 개인화의 가치는 이용자가 보고 싶은 것에 더 집중할 수 있다는 데 있다.

N스크린 환경에서 소비자의 미디어 이용 맥락은 변화한다. 콘텐츠가 무엇(내용)이라고 한다면 이용 맥락은 언제(시간), 어디서(장소), 그리고 어떻게(방법)다. 전통적인 콘텐츠 이용 맥락이 실시간에 기초한 선택과 소비였다면, N스크린 환경에서는 콘텐츠 간 시간의 흐름과 여러 디바이스 간 교차적 흐름이 더 중요하다.[52] 예를 들어 과거 시청자는 방송사가 평일 밤 10시에 편성한 드라마를 거실에 있는 TV를 통해서만 시청할 수 있었다. 많은 사람들의 미디어 이용 시간(밤 10시)과 공간(거실), 그리고 콘텐츠(KBS 드라마) 소비가 동시에 이루어진 것이다.

그러나 전통적인 미디어 이용 맥락은 N스크린 환경의 도래로 점차 해체되고 있다. 콘텐츠를 소비하는 때와 장소를 소비자의 일정에 맞추거나 생활 주기에 연계시키는 미리보기, 다시보기, 이어보기 등의 소비 양식이 생겨나고, 멀티태스킹 시청(TV와 스마트폰을 동시에 이용하는 것)도 확산되고 있다. 넷플릭스는 소비자가 보다 편리한 환경에서 콘텐츠를 시청하도록 소비자의 미디어 이용 및 콘텐츠 소비 행태를 빅데이터 분석을 통해 정밀하게 파악한다. 디바이스별 상황에 따른 시청자의 성향, 콘텐츠 소비 장소도 면밀히 분석한다. 분석 자료를 근거로 소비자의 콘텐츠 시청 환경을 혁신한다.

N스크린 환경에서 소비자는 자신이 원하는 콘텐츠를 발견하는 데 많은 시간과 비용을 소모한다. 제공되는 콘텐츠와 콘텐츠 접근 통로가 다양해졌기 때문이다. 이러한 정보 과잉의 시대에는 필터링(추천)이 중요하다. 넷플릭스는 소비자가 선호하는 콘텐츠를 쉽게 찾을 수 있도록 도와준다.

스마트폰에서 넷플릭스 애플리케이션을 열면 영화나 TV 프로그램이 가입자별로 다르게 나타난다. 개인의 취향과 선호도에 따라 각기 다른 맞춤 목록을 제시한다. 더 많이 접속하고 더 많이 시청할수록 개인의 취향이 더 많이 반영된 화면이 나타난다. 맞춤복처럼 가입자 개인의 취향과 시청 패턴이 철저히 반영된다. 영화를 선택하려고 고민하는 시간을 줄여주고, 심지어는 나도 몰랐던 내 취향까지 알아내 존재하는지조차 몰랐던 작품을 추천해 주기도 한다.[53]

데이터 형태로 보관되고 인터넷으로 전송되는 영상 콘텐츠는 보관비와 운반비, 시설비가 거의 들지 않는다. 덕분에 틈새 상품과 꼬리를 무한히 늘려 소비자가 원하는 콘텐츠를 제공할 수 있다. 이용자 입장에서는 그동안 구하기 힘들었던 콘텐츠까지 시청할 수 있게 되었다. 콘텐츠 선택의 폭이 넓어졌을 뿐만 아니라 비용도 크게 절감되었다. 다운로드나 스트리밍으로 시청하기 때문에 셋톱박스나 위성 수신 안테나 같은 별도의 설비를 구매하거나 임대하는 비용을 들일 필요가 없다. 특히 스트리밍 방식을 이용하면 TV나 핸드폰에 영상 콘텐츠를 저장하지 않아도 된다. 스트리밍에 소요되는 약간의 통신비만 부담하면 언제 어디서든 콘텐츠를 감상할 수 있다. 와이파이존 확대 등 통신 환경이 개선되면 이런 비용마저 사라질 것이다. 넷플릭스가 동영상 시장의 혁신을 주도할 수 있는 이유다.

빅데이터, 기술 혁신, 개방과 제휴 등 넷플릭스가 성공할 수 있었던 혁신의 핵심에는 이용자가 있었다. DVD를 우편으로 배달하고 연체료를 폐지했던 때부터 넷플릭스는 이용자 관점에서 생각했다. N스크린 환경 개선, 추천 시스템 등 넷플릭스가 자랑하는 기술은 이용자의 입장에서 불편을 최소화하기 위해 고민한 결과물이다. 소비자 불편을 혁신하는 사업자가 기존의 판도를 뒤엎는다.

상호 작용하는 혁신 전략

혁신 전략의 순환 구조

넷플릭스의 혁신 전략은 상호 작용한다. 넷플릭스는 N스크린 전략으로 확장된 가입자의 시청 환경을 분석한다. 분석된 빅데이터는 다시 N스크린 전략과 콘텐츠 구매, 추천, 재고 관리 등 롱테일 마케팅 전략, 오리지널 콘텐츠 제작의 근간이 된다. 이처럼 넷플릭스 혁신 전략은 순환 구조를 띠고 있다. 그리고 그 중심에는 이용자와 기하급수적 기술, 오픈 이노베이션이 있다.

넷플릭스 혁신의 출발은 이용자다. DVD를 우편으로 배달할 때부터 넷플릭스는 이용자의 관점에서 생각했다. 다수의 이용자가 불만을 느꼈던 연체료를 없애고 월 정액제를 도입했다. 인터넷 시대가 열리자 가장 먼저 인터넷 스트리밍 서비스를 도입해, DVD 대여와 다운로드에 드는 시간과 비용을 줄였다. 그러면서 넷플릭스의 과제는 PC나 TV로 콘텐츠를 시청할 때 인터넷 속도에 따른 화질의 안정성과 품질을 확보하는 기술을 향상시키는 것과 콘텐츠를 볼 수 있는 스크린 수를 확대하는 것으로 넘어갔다.

N스크린 서비스가 본격화되자 가입자의 시청 패턴과 시청 장소가 획기적으로 변하기 시작했다. 이전에는 거실이나 안방처럼 고정된 장소에서 콘텐츠를 시청했지만, 디바이스의 확대로 시청 패턴이 매우 복잡해졌다. 이용자는 TV, 스마트폰, 태블릿, 노트북, PC 등 인터넷 연결이 가능한 거의 모

든 디바이스를 가지고 콘텐츠를 감상한다. 넷플릭스에서만 하루 1억 2500만 시간 넘게 콘텐츠가 재생된다. 이런 상황에서 TV 수상기 위주의 시청률 조사는 무의미하다. OTT 서비스로 디바이스가 확대되면서 TV 중심의 시청률 개념보다는 각 디바이스 간 시청 유형 및 분석이 더 중요해졌다.

빅데이터 분석 역량이 미디어 사업의 핵심 경쟁력이다. 넷플릭스는 이용자의 취향을 알아내기 위해 매일 1억 시간이 넘는 방대한 시청 행태 자료를 분석한다. 빅데이터 분석은 넷플릭스가 방송 역사를 바꿀 수 있었던 혁신의 근간이다. 가입자의 시청 행태가 담긴 빅데이터를 분석해 N스크린 전략, 추천 시스템의 정교화, 콘텐츠 인벤토리 관리, 오리지널 콘텐츠 제작·투자, 해외 진출, 가입자 확보 및 유지 전략 등 경영 전반에 활용한다.

빅데이터 분석은 마케팅에도 영향을 미친다. 이용자가 알지 못하는 콘텐츠까지 추천해 콘텐츠의 낭비를 막고 재고 관리까지 가능하게 하는 롱테일 마케팅이 그것인데, 롱테일 마케팅이 성공하려면 빅데이터 분석을 통한 강력하고 정교한 추천 시스템과 큐레이션 기능, 그리고 검색 기능이 뒷받침되어야 한다.

넷플릭스의 혁신 전략의 기반에는 ICTinformation and communication technology로 통칭되는 기하급수적 기술이 있다. 넷플릭스는 당대의 혁신 기술을 재빨리 사업에 적용하는 데 매우 뛰어났다. 헤이스팅스는 1997년 넷플릭스를 창업할 때 이미 고객이 굳이 대여점을 찾아가지 않고도 언제든 영화를 선택하고 볼 수 있어야 한다고 생각했다. 생각을 현실로 만든 것은 인터넷 스트리밍이라는 신기술이었다. 이후 언제 어디서든 원하는 콘텐츠를 감상할 수 있도록 하는 N스크린 서비스를 제공하기 위해 클라우드, 모바일 서비스 같은 신기술을 활용했다. 최근에는 추천 시스템을 고도화하기 위해 딥러닝을 활용하고 있다. 인공 신경망까지 활용해 더 정교한 추천 알고리즘을 만들어 낼 계획이다. 추천 시스템과 클라우드의 결합, 딥러닝을 통한 추천 시스템 개발은 기하급수적 기술을 활용하는 사례다.

모든 ICT 자원을 조직 내부에서 독자적으로 확보하기는 어렵다. 그래서 넷플릭스는 오픈 이노베이션을 통해 외부의 인적, 물적 자원을 적극 활용하여 N스크린 혁신, 빅데이터 혁신, 그리고 롱테일 혁신을 추진한다. 이런 순환 구조가 넷플릭스 혁신 전략의 지향점이고 뼈대다.

국내 미디어의 대응

넷플릭스는 해외에 진출할 때 '현지 사업자와의 제휴'와 '콘텐츠 로컬화' 두 가지 전략을 구사한다. 한국 진출에도 예외는 아니었다. 국내 서비스를 시작하기 전 이동 통신사와 먼저 접촉했다. 그러나 9대1에 달하는 수익 배분을 이동 통신사가 받아들이지 않자 케이블TV 업체인 '딜라이브'와 제휴했다. 딜라이브는 넷플릭스 전용 셋톱박스를 독점 판매해 이용자가 일반 TV로도 넷플릭스를 시청할 수 있게 한다.

2016년 1월 7일 넷플릭스가 국내 서비스를 개시했다. 국내 미디어 기업들도 발 빠르게 대응 서비스를 출시했다. SK브로드밴드는 1월 26일 '옥수수'를 론칭했고, 같은 달 31일에는 한국판 넷플릭스라 불리는 '왓챠플레이'가 나왔다. CJ E&M은 그해 11월 '티빙'을 전면 개편했다. KT의 '올레tv 모바일', LG유플러스의 '비디오포털', 지상파 연합의 '푹'도 서비스를 강화했다.

2016년 10월 기준 넷플릭스 애플리케이션을 설치한 사람은 18만 명이고, 그중 8만 명이 이용하고 있는 것으로 조사되었다.[54] 토종 OTT 서비스인 옥수수 950만 명, 티빙 60만 명, 푹 52만 명에 비하면 한참 뒤처지는 수준이다.[55] 2016년 6월 한국을 방문한 헤이스팅스도 기대와 달리 돌풍을 일으키지 못했다고 인정했다.

넷플릭스가 유독 한국 시장에서 맥을 못 추는 이유는 뭘까. 간단히 정리하면 콘텐츠 부족과 비싼 요금 때문이다. 2016년 11월 말 기준, 한국에 제공되는 콘텐츠 수는 한국 영화 84편을 포함한 1458편이다. 미국 5313편, 일본 3791편, 영국 3414편은 물론 전 세계 평균 2407편에도 크게 미치지 못한다.[56] 가격 경쟁력에서도 밀렸다. 미국에서 OTT 서비스의 요금은 유료 방송 대비 5분 1(21퍼센트) 수준으로 저렴하지만, 한국에서 넷플릭스 요금(9500~14500원)은 유료 방송 평균인 5150원보다 약 2배 정도 비싸다. 국내 주요 OTT 서비스와 비교해도 3~5배 정도 비싸다.[57] OTT 서비스인 넷플릭스의 요금이 기존 유료 방송보다 비싼 경우는 극히 이례적이다.

한국 영상 서비스 시장의 특성도 영향을 미쳤을 것이다. 국내 온라인 콘텐츠 유통은 IPTV가 주도하고 있는데, 이들은 보통 전화와 인터넷이 결합된 3년 약정으로 방송 상품을 제공한다. 시장이 이미 공고하게 구축되어 있다. 더구나 동영상 불법 다운로드도 여전히 많은 편이다. 이런 이유들로 넷플릭스가 국내 미디어 업계에 변화를 일으키기 어렵다는 시각이 지배적이다. 변화가 일어나더라도 점진적일 것이라는 지적이 많다.[58]

국내 유료 방송 코드커팅 일으킬 것인가

〈넷플릭스 진출을 통해 본 국내 OTT 산업의 현황 및 활성화 방안〉을 연구한 김희경은 OTT의 성장으로 국내에서도 직접적인 코드커팅이 일어날 것으로 예상했다. 넷플릭스가 신규 시장에서 진출 효과를 거두는 데는 3년 정도가 걸리며 코드커팅이 그때를 기점으로 본격화될 수 있다는 지적이다. 남미에서도 넷플릭스는 처음에는 완만한 성장세를 보이다가 3년이 지난 시점부터 가파르게 성장했다.[59] 2011년 브라질 진출 초기, 넷플릭스는 콘텐츠 부족과 취약한 인터넷 인프라 등으로 어려움을 겪었다. 그러나 남미를 배경으로 한 드라마 〈나르코스〉와 〈3%〉라는 오리지널 콘텐츠를 제작해 진출 4년 만인 2015년 300만 명 이상의 가입자를 확보했다.[60]

그럼, 국내 전문가는 넷플릭스를 어떻게 평가할까.

정보통신정책연구원의 곽동균 연구위원은 "넷플릭스가 미국에서 성공한 가장 중요한 이유는 기존 유료 방송 대비 가격 경쟁력이 월등했기 때문"이라며, "한국은 워낙 낮은 유료 방송 요금 때문에 미국과 달리 OTT 동영상 서비스가 '파괴적 혁신'만 갖고서는 상업적으로 성공하기가 쉽지 않은 구조"라고 지적했다.[61]

실제로 세계 1위 스트리밍 업체의 상륙에 잔뜩 긴장했던 유료 방송은 넷플릭스의 국내 서비스 실시 후 안도했으며, 통신사는 넷플릭스에 대항하는 서비스를 출시하며 자사의 서비스에 자신감을 나타냈다. 파급력이 크지 않다는 것이 통신사 관계자들의 중론이다.

물론 반론도 존재한다. 넷플릭스가 최대 장점인 빅데이터 기반의 추천 서비스와 독점 콘텐츠를 살려 본격적인 현지화에 나선다면 속수무책으로 당할 수 있다는 주장이다. 넷플릭스와 제휴하고 있는 딜라이브 관계자는 조금 더 긍정적으로 넷플릭스의 빅뱅 파괴 가능성을 바라본다.

"넷플릭스는 기본적으로 TV 기반 서비스가 아니다. 넷플릭스는 영상을 언제 어디서나 볼 수 있게 함으로써 시청 행태를 완전히 바꾸어 놓았다. 특히 10대 후반에서 30대까지는 아주 좋아한다. 이들은 돌아다니면서 콘텐츠를 소비하는 데 익숙한 사람들이다. 따라서 콘텐츠만 로컬화하면 파괴력이 있을 것이다. 그래서 국내 미디어 사업자들의 경계가 심하다. 넷플릭스에 콘텐츠를 제공하지 않거나 소위 비킬러 콘텐츠만 준다. 영화 〈옥자〉가 분수령이 될 것 같다."

넷플릭스의 가능성에 주목하는 업계 관계자들은 가입자 확보를 위해 콘텐츠 강화가 필요하다고 말한다. 그런 점에서 오리지널 영화와 드라마를 제작하고 넷플릭스에서만 공개하는 전략은 적절해 보인다. 국내 시장을 공략하는 넷플릭스의 콘텐츠 현지화 전략은 현재 진행형이다. 영화 〈옥자〉를 세계 최초로 극장과 동시에 넷플릭스에서 공개하는 것이 대표적이다. 진 세계에서 유례가 없는 초유의 실험이 한국에서 진행되고 있다.

당장 빅뱅 파괴가 두드러지지 않는다고 해서 안일한 태도는 금물이다. 2017년 3월 한국을 방문한 토드 옐린Todd Yellin 넷플릭스 부사장은 "아직 한국에 진출한 지 1년밖에 되지 않았고, 여러 면에서 배워 가고 있다. 넷플릭스만이 가진 차별화된 서비스를 제공해 한국 시장에서도 좋은 성과를 거둘 것"[62]이라며 자신감을 내비쳤다. 한국은 스마트 디바이스의 보급률이 높고 인터넷 인프라가 잘 구축되어 있어서 넷플릭스 서비스 확대에 좋은 조건을 갖추고 있다. 워밍업을 마친 넷플릭스가 막강한 자본력을 토대로 한국 콘텐츠 확보와 국내 시장 공략에 시동을 걸었다. 넷플릭스가 최대 장점인 빅데이터 기반의 추천 서비스와 독점 콘텐츠를 살려 본격적인 현지화에 나선다면 속수무책으로 당할 수 있다는 반론도 만만치 않다.

방송법에 따라 해외 자본의 국내 방송사 소유는 사실상 불가능하지만, 이제 이런 보호막은 국내 방송 산업에 별 위안이 되지 못한다. 기존 사업자들이 정부의 규제에 기대어 혁신의 확산을 가로막는 것은 바람직하지도 않고 오래갈 수도 없다. 그러는 사이 시장의 혁신이 지체되고 있다. 기존의 기업이 아무리 혁신을 저지하더라도 혁신의 혜택을 갈구하는 소비자와 시장의 압력을 이길 수는 없다. 미디어 산업의 경쟁력 강화를 위한 혁신이 필요한 시점이다.

진군하는 또 다른 넷플릭스들

국내 미디어, 엔터테인먼트 산업에 변화의 물결은 이미 시작되었다. 넷플릭스만이 문제가 아니다. 아마존과 구글, 애플 같은 글로벌 세력도 몰려오고 있다. 바이두, 알리바바, 텐센트로 대표되는 중국 세력도 기회를 노리고 있다. IT 공룡들이 자사의 이름을 내건 TV 서비스를 시작했다.

한국에 진출한 글로벌 OTT는 기하급수적 기술을 활용한 빅뱅 파괴자로 등장할 가능성이 높다. 아마존은 강력하고 정교한 추천 시스템과 이를 활용한 롱테일 마케팅의 선구적인 기업이다. 쇤베르거에 따르면, 아마존 매출의 3분의 1은 추천 목록과 개인 맞춤형 시스템에서 나온다. 아마존은 추천 시스템으로 많은 경쟁자들이 문을 닫게 만들었다. 대형 서점과 레코드 가게뿐만 아니라 사람 냄새가 나는 만큼 변화의 바람으로부터 안전할 거라고 믿었던 동네 서점까지 모두 아마존에 무릎을 꿇었다. 구글과 애플 역시 빅데이터를 활용한 추천 알고리즘과 롱테일 법칙을 통한 틈새시장 창출 등에서 이미 풍부한 노하우를 확보하고 있다.

네트워크 효과를 이용한 승자 독식 시장이 구축될 가능성도 높다. 빅뱅 파괴 시장은 일반적으로 승자 독식 시장이다. 파괴적인 혁신 제품을 저가 또는 무료로 제공해 일단 경쟁자들을 변방으로 내몰고 승자가 된다. 이후 승자는 프리미엄 버전의 제품에 높은 가격을 책정하거나 광고를 유치하는 등 간접적인 수익 구조를 마련한다. 선先 시장 확보, 후後 수익 확대 전략을 추진하는 것이다.

애플의 아이튠즈가 승자 독식의 대표적 사례다. 애플은 아이튠즈 플랫폼으로 음악 시장을 장악한 뒤 영화, 책, TV 프로그램까지 영역을 넓혔다. 음악 시장을 평정했기 때문에 다른 영역으로 확장하고 그 분야를 점령하는 작업은 훨씬 더 빠르게 진행되었다. 애플의 수백만 이용자는 강력한 네트워크 효과를 구축했다. 콘텐츠 제작 업체들은 아이튠즈 생태계로 편입되지 않을 수 없었다. 그 결과 2013년 중반까지 아이튠즈 스토어는 디지털 영화, TV 프로그램 시장의 65퍼센트 이상을 점유하게 되었다.[63]

미디어 시장의 두 축은 채널 사업과 VOD 사업이다. VOD 서비스는 넷플릭스가 독주하는 시장에 아마존과 구글이 진출했다. 채널 사업은 광고, VOD 사업은 가입자가 수익 원천이다. VOD 서비스 중 월정 유료 서비스는 넷플릭스와 아마존, 구글이 경쟁하고, 광고 기반 무료 서비스는 구글의 유튜브가 이미 독보적으로 시장을 장악하고 있다. 여기에 아마존도 광고 서비스 플랫폼인 '스폰서드 링크'로 온라인 광고 시장에 진출해 무서운 기세로 추격하고 있다.[64] 넷플릭스와 아마존, 구글, 유튜브가 한국 서비스를 본격화하면 어떤 일이 벌어질까.

케이블TV·위성 방송·IPTV 같은 유료 방송은 가입자 확보를, 지상파·채널 사업자는 광고 확보를 위한 생존 게임을 펼쳐야 한다. 국내 모든 미디어, 엔터테인먼트 기업들이 그들의 공격 사정권 내에 들어간다.

더구나 넷플릭스와 아마존, 구글은 국내 영화, 드라마, 예능 제작에 투자하면서 콘텐츠 제작 생태계에도 직접적인 영향을 미치기 시작했다. 영화 〈옥자〉, 드라마 〈킹덤〉이 넷플릭스의 투자로 제작되면서 글로벌 플랫폼에 대한 종속 우려가 현실화되고 있다. 방송 콘텐츠는 수확 체증의 법칙이 적용된다. 규모의 경제가 강력하게 작동하는 영역이다. 그러나 한국은 시장 규모에 비해 과다한 제작비를 투입하는 경우가 많아 초판 비용을 내수 시장에서 회수하지 못하는 사례가 빈번하다. 내수 시장이 작은 한국의 제작사들에게 수익의 불확실성을 해결할 수 있는 글로벌 플랫폼인 넷플릭스는 더없이 매력적이다.

이미 국내 1인 영상 크리에이터나 MCN 사업자는 콘텐츠 유통 플랫폼으로, 월간 이용자가 15억 명을 상회하는 네트워크 효과가 뛰어난 유튜브를 활용한다. 향후 영화, 드라마, 예능, 다큐멘터리 제작사에게 제1의 유통 플랫폼은 국내 지상파나 케이블TV가 아니라 전 세계에 가입자를 둔 넷플릭스, 아마존 프라임, 유튜브 레드가 될 수 있다.

디지털사회연구소 소장 강정수는 디지털 경제 혁명의

'제2진'으로 NATU(넷플릭스, 에어비앤비, 테슬라, 우버)를 꼽는다. GAFA(구글, 애플, 페이스북, 아마존)에 이어 테크놀로지로 무장한 인터넷 기업이 전통적인 경제 영역을 잠식해 들어갈 것이라고 주장한다. GAFA와 마찬가지로 NATU 역시 데이터 축적과 분석 기술이 핵심 테크놀로지인 기업이다.[65] 국내에 빅뱅 파괴를 몰고 올 것으로 예상되는 넷플릭스, 구글, 아마존은 기술과 콘텐츠를 결합한다. ICT 기업이면서 동시에 콘텐츠 회사다. 기술 회사로 시작한 구글은 유튜브를 인수하며 콘텐츠 회사로 거듭나고 있다. 마찬가지로 넷플릭스 역시 기술 위에 자신만의 콘텐츠를 쌓아 미디어, 엔터테인먼트 시장의 강력한 파괴자가 되고 있다. "아마존이 가장 무서운 경쟁자이며, 아마존과 차별화하기 위해 색깔 있는 콘텐츠를 만들겠다"는 헤이스팅스의 최근 언론 인터뷰가 이를 증명한다.

제언   국내 미디어, 엔터테인먼트 기업의
경쟁력 제고 방안

N스크린으로 TV everywhere 실현

넷플릭스 혁신 전략에서 얻은 시사점을 바탕으로 혁신이 지체되고 있는 국내 미디어, 엔터테인먼트 산업의 경쟁력 제고를 위한 방안을 제시하고자 한다. 국내 사업자가 빅뱅 파괴자가 되지 말란 법은 없다. 그러기 위해서는 선도자들의 혁신 방법을 먼저 배워야 한다.

미디어, 엔터테인먼트 산업에서 최후의 승자는 소비자에게 편익을 제공하는 사업자다. 소비자의 욕구를 정확히 파악하고 소비자에게 최적의 방법으로 가치를 전달해야 한다. 핵심 수단은 N스크린과 롱테일을 통한 틈새시장 창출이다.

소비자 편의의 궁극적인 목표는 소비자가 본인이 원하는 콘텐츠를 언제 어디서나 본인이 보유한 디바이스로 편하게 시청하도록 하는 것이다. 그런데 소비자 편익을 위한 기술을 활용할 때 유념해야 할 것이 있다. "기술을 활용할 때는 기술보다 소비자에 초점을 맞춰야 한다"는 제프 베조스의 말처럼 사용자 편의성을 최우선시해야 한다.

그러나 아직도 공급자 중심으로 서비스를 제공하는 미디어, 엔터테인먼트 기업이 많다. 대부분의 미디어 기업은 정부의 허가나 승인을 얻어 사업을 진행한다. 흔히 말하는 규제 사업이다. 그래서 소비자 친화적 서비스를 등한시할 수도 있다. 혁신이 지체되는 이유이기도 하다. 케이블TV 가입자의

약 45퍼센트는 아직도 아날로그 서비스를 제공받고 있다.[66]

국내 미디어, 엔터테인먼트 소비자의 편익을 증진시키기 위해서는 N스크린 서비스의 개념부터 확장할 필요가 있다. 기존 N스크린이 TV라는 기기의 한계를 뛰어넘어 디바이스 사이의 콘텐츠 이동성을 높이는 것이었다면, 이제는 고객이 보유한 다양한 디바이스를 통합해 콘텐츠 경험 가치를 혁신하는 것이 중요하다.

최근 보편화되고 있는 미디어 이용자들의 '멀티태스킹', '몰아보기' 같은 시청 행태 변화를 적극 수용하는 N스크린의 고도화도 필요하다. 스마트TV를 통해 스마트폰, 태블릿과 연동하거나 기기 간 네트워킹이나 SNS와의 연계를 통한 'TV의 소셜화' 기능도 제공될 필요가 있다.

롱테일을 통한 개인 취향의 확장

미디어 산업에서 블록버스터만큼이나 롱테일이 중요해졌다. 소비자의 기호와 취향을 극적으로 확대해 수익을 창출할 수 있기 때문이다. 따라서 블록버스터와 함께, 적은 제작비를 투입해 틈새 상품에 해당하는 영화, 드라마, 음악, 게임 등을 제작하는 롱테일 병행 전략이 필요하다.

VOD 시대에는 '추천 시스템을 통한 롱테일 마케팅 강화'기 미디어, 엔터테인먼트 산업의 핵심 경영 전략이 된다.

앞서 크리스 앤더슨이 TV 산업이 롱테일의 힘으로 혁신할 수 있는 잠재력이 가장 큰 산업이라고 말한 이유는 TV가 다른 미디어 산업보다 더 많은 콘텐츠를 만들면서도 아주 적은 부분만 이용되고 있기 때문이다.

TV 앞에 앉아 수백 개나 되는 채널들을 이리저리 돌리다 보면, TV는 수많은 채널 위에서 한없이 자유로워 보인다. 기하급수적 기술의 발전으로 동영상 제작 도구가 대중화되었고, 동영상이 폭증하면서 채널 또한 증가했다. 얼핏 채널의 롱테일이 실현된 것처럼 보인다. 하지만 실제로 TV는 '채널'이라는 강한 족쇄에 얽매여 있다.

방송의 디지털화로 인해 채널을 무수히 늘리는 것은 기술적으로 가능하다. 그러나 채널이 100개에서 1000개로 늘어났다고 해서 개인화되고 파편화된 취향과 기호를 완벽히 충족할 수는 없다. 리니어 TV의 최대 약점은 원하는 콘텐츠를 보기 위해 방송 시간을 기다려야 하는 '시간의 제약'에 있다. 채널이 아무리 많아져도 시청자는 오직 하나의 채널만을 시청할 수 있다. 소비자들의 시청 패턴이 점점 채널에서 VOD로 바뀌고 있는 이유다. 리니어 채널의 소멸 시대에 무한히 확장되는 VOD 서비스의 롱테일은 동영상 소비 패턴의 궁극적 도달점이다. 디지털 혁신을 앞서간 음악 산업을 통해 증명된 사실이다.

미래의 TV를 이해하려면 TV를 TV로 생각하지 말아야 한다. 비트의 맥락에서 사고해야 한다. MIT 미디어랩의 설립자이자 《디지털이다》의 저자 니콜라스 네그로폰테Nicholas Negroponte에 의하면 세상은 물질과 원자(비트)로 구성되어 있다. 그는 "고객들이 비디오를 다시 반납해야 하고 지정된 날짜에 반납하지 못할 경우 벌금을 물어야 하는 대여점 비디오테이프가 제일 먼저 비트로 바뀌게 될 것"이라고 예언한 바 있다. 미래의 TV는 디지털 집산자가 되어 언제 어디서나 VOD 형태로 콘텐츠를 제공하게 될 것이다. 영화 〈옥자〉는 극장에서 필름으로 상영하는 대신 디지털 데이터(비트)로 전환해 전 세계 190개국에 동시에 전송하는 방식을 처음으로 시도했다. 영화 상영 방식이 이미 변하고 있다.

국내 IPTV는 채널 서비스를 주축으로 VOD 서비스도 제공하고 있다. 2015년 기준 IPTV에서 VOD 부문의 매출이 채널 부문 매출의 31퍼센트 수준에 이르렀다.[67] 수년 내 VOD 부문의 매출이 채널 부문을 넘어설 것으로 예측된다. 이런 추세가 이어진다면 케이블TV, 위성 방송 등 전통적인 리니어 채널 중심의 플랫폼은 위기를 맞을 수밖에 없다. 심지어 헤이스팅스는 10년 내 리니어 채널이 완전히 소멸될 것이라 전망한다.

시청 패턴이 채널에서 VOD로 바뀌면서 고객을 특정 그룹segment으로 인식하던 시대에서 개별 고객individual customer에게 맞춤형 콘텐츠를 제공하는 시대로 바뀌고 있다.[68] 이때 뛰어난 추천 시스템이 지원된다면, 소비자가 적합한 콘텐츠를 찾아낼 가능성은 머리보다 꼬리에서가 더 높다. 추천 시스템은 롱테일의 끝부분으로 갈수록 수요를 일으킬 뿐만 아니라, 취향이 다양한 고객들이 자신에게 더 잘 맞는 제품을 구입하도록 유도한다. 롱테일과 추천 시스템을 결합하면 동영상 시장에도 일대일 마케팅이 가능해진다. 국내 미디어, 엔터테인먼트 산업도 소비자 편익을 위해 틈새시장을 적극 개척해야 한다.

'빅데이터 순환 모델' 구축

넷플릭스 혁신 전략의 핵심은 역시 빅데이터 전략이다. N스크린 전략과 롱테일 전략도 빅데이터 전략에서 시작되고 완성된다. 빅데이터 활용력을 높이기 위해서는 미디어, 엔터테인먼트 산업에 속한 기업들이 자사의 특성에 맞는 '빅데이터 순환 모델'을 구축해야 한다. 순환 구조의 모형은 '①확보 → ②축적 → ③반응(소비자) 분석 → ④사업 모델링 → ⑤반응(소비자) 분석 → ⑥사업 리모델링 → ⑦빅데이터 축적'으로 이어지는 구조의 7단계로 진행된다.

순환 모델의 첫 번째 단계는 빅데이터의 축적 및 확보다. 확보된 빅데이터를 분석해 사업에 적용하고, 실행 과정에서 소비자의 반응을 파악해 다시 사업에 피드백하고, 서비스를 재정의한다. 분석, 적용, 재정의를 반복하는 과정이다. 여기서 핵심은 소비자의 '반응'을 정확히 파악해 다시 사업에 '적용'하는 것이다. 넷플릭스가 콘텐츠 소비 자료를 분석해 오리지널 드라마 제작에 활용하고, 제작된 드라마에 대한 반응을 다시 분석해 다음 드라마 제작에 반영하는 것과 같다. 분석 과정에서 소비자가 원하는 것과 불편해하는 것을 면밀히 파악하고, 사업에 정확히 반영할 수 있는 실천적이고도 실행적인 프로세스를 정립해야 한다.

데이터 축적과 확보 전 가장 중요한 것이 '빅데이터 팩토리' 확보다. 빅데이터 순환 모델을 만들기 위해서는 가장 먼저 분석할 수 있는 데이터가 있어야 한다. 가치 있는 데이터가 있어야 분석도 하고 축적도 할 수 있다. 하지만 모든 기업이 자사의 서비스와 관련된 소비자의 반응을 살펴볼 수 있는 데이터를 확보할 수 있는 것은 아니다.

예를 들어 지상파 방송이나 채널 사업자는 고객인 시청자와의 직접적인 접점이 없어 데이터를 확보하기가 쉽지 않다. 넷플릭스도 우편으로 DVD 배달 사업을 할 때는 고객 접점을 확보하지 못해 소비자 반응을 파악할 수 없었다. 데이터는 오직 고객이 매겨 주는 영화 평점 자료뿐이었다.

대신 채널 사업자는 케이블TV나 위성 방송, IPTV 같은 방송 플랫폼이나 네이버, 다음카카오 같은 인터넷 서비스 플랫폼과의 협업을 통해 간접적으로 데이터를 확보할 수 있다.

SNS를 통해서도 간접적 데이터 확보가 가능하다. 그러나 이런 방식은 데이터의 체계적 확보나 축적에 한계가 있다. 어떤 형태로든 자사의 콘텐츠를 소비하는 고객과의 접점을 확보해야 한다.

가령 채널 사업자는 방송 프로그램의 홈페이지를 만들거나 VOD 서비스를 별도 제공해 접점을 구축할 수 있다. 미국 지상파 NBC는 방송 프로그램별로 홈페이지를 개설하고 시청자 커뮤니티로 활용한다. 〈프라이데이 나이트라인〉 같은 프로그램은 TV로 방송되지 않는 내용을 웹을 통해 내보내는 '웨비소드webisode' 방식까지 시도했다.[69] 소비자 반응을 살필 수 있는 통로로 웹의 힘을 적극 활용하고 있는 것이다. 이미 해외의 유력 지상파 채널들은 이런 방법을 많이 활용하고 있다.

별도의 플랫폼을 운영하는 것도 고객과의 접점을 확보하는 또 다른 방안이 될 수 있다. 국내 지상파가 연합해 서비스하는 푹이 대표적이다. 미국에도 지상파 연합이 운영하는 훌루가 있다. 별도의 플랫폼 설치는 수익 확대 면에서도 의미가 있지만, 콘텐츠 소비에 관한 데이터를 확보할 수 있다는 점에서 더욱 가치가 있다.

다음은 소비자 반응을 파악하고, 소비자의 불편을 혁신하는 단계다. 소비자의 불편을 빠르게 감지하고 신속하게 대처해야 한다. 그런데 사업자의 성격에 따라 소비자의 반응과 내용이 다르고, 데이터를 확보하는 방안과 분석된 내용을 사업에 적용하는 방법도 다르다.

지상파(KBS, MBC, SBS)나 채널 사업자(JTBC, tvN 등)는 자사가 제작한 콘텐츠를 소비하는 시청자와 직접적인 접점을 갖고 있지 않다. 소비자 접점은 가입자를 확보하고 관리하는 플랫폼 사업자(케이블TV, 위성 방송, IPTV)가 확보하고 있다. 따라서 지상파나 채널 사업자는 별도의 소비자 접점을 확보하거나 플랫폼 사업자로부터 소비자 반응에 관한 데이터를 확보해서 분석하고 활용해야 한다. 자사가 제공한 콘텐츠가 소비자로부터 어떠한 반응을 보이는지 분석하고 이를 프로그램 기획, 제작 및 편성에 반영해야 한다.

반면 플랫폼 사업자는 빅데이터 분석 및 사업 적용에 있어서 소비자 접점을 직접 가지고 있기 때문에 방대한 원천 데이터를 분석해 다양한 사업에 적용할 수 있다. 플랫폼 사업자의 서비스는 크게 지상파, 채널 사업자로부터 제공받은 실시간 채널 방송과 콘텐츠 제공사로부터 공급받은 VOD 서비스로 양분된다. 넷플릭스와 달리 지금껏 국내 플랫폼 사업자는 콘텐츠를 제공받아 전달하는 유통 역할만을 담당했기 때문에 콘텐츠 기획, 제작, 투자에 대한 활용도가 낮다. 따라서 협업이 필요하다. 실시간 방송이든 VOD 서비스든 플랫폼 사업자와 콘텐츠 사업자(지상파, 채널 사업자) 간의 협업을 통한 데이터 활용도를 높여야 한다. 넷플릭스처럼 VOD에 관한 소비자 반응을 면밀히 분석하고, 이를 VOD 서비스의 고도화에 적용하는 순환 구조를 구축해야 한다. 넷플릭스, 아마존, 구글은 세계 최고 수준의 빅데이터를 확보하고 분석해 활용하는 기업이다. 이러한 기업에 대응하기 위한 실천적인 노력이 필요하다. 그 시작이 '빅데이터 순환 모델'의 구축이다.

'콘텐츠 한류 지도'를 구축하자

2016년 국내 콘텐츠 산업의 매출액은 105조 2000억 원이다. 콘텐츠 수출은 전년 대비 8.3퍼센트 증가한 63억 1000만 달러에 달한다.[70] 한국은 아시아 최고 수준의 콘텐츠 제작 능력을 확보하고 있다. 특히 영화, 드라마, 예능 프로그램의 제작 능력은 일본과 중국을 앞선다. 기획과 스토리라인 구성에서도 경쟁력이 있다. 그러나 안심하기는 이르다. 중국의 추격이 무섭기 때문이다. 경쟁 우위를 유지할 수 있는 시간이 많지 않다는 것이 업계의 평가다. 우리가 확보한 콘텐츠 제작 역량을 더욱 강화하고 확대할 수 있는 방안을 찾아야 한다. 콘텐츠는 지식 기반의 '창의 산업'이면서 ICT와의 '융합 산업'이다. 좋은 콘텐츠는 IP(스토리)와 ICT(테크놀로지)의 결합에서 탄생한다. 한류로 확인된 콘텐츠 제작 역량과 세계적 수준의 ICT 경쟁력을 결합해 글로벌 진출을 모색해야 한다.

디지털 시대에는 데이터가 콘텐츠를 만든다. 스토리 또한 데이터에서 나온다. 넷플릭스의 빅데이터 활용 전략에서 보았듯이 이제는 콘텐츠 기획, 제작, 투자, 유통, 홍보 마케팅의 전 과정에 빅데이터가 활용된다. 할리우드에서도 영화의 기획, 제작, 투자, 유통에 빅데이터를 적극 활용하고 있다. 그동안의 콘텐츠가 예술이었다면 디지털 시대에는 예술이자 '과학'이어야 한다. 예술에 기술을 결합해야 소비자가 만족할 수 있는 콘텐츠가 만들어질 수 있다.

한국에 진출한 넷플릭스는 현지화 전략의 하나로 국내 영화와 드라마, 예능 제작에 착수했다. 우리의 콘텐츠 제작 역량과 한류를 활용해 아시아를 넘어 글로벌 콘텐츠로 활용할 가능성을 탐색하고 있는지도 모른다. 넷플릭스, 아마존, 구글의 국내 진출에 방어만 할 것이 아니라, 역으로 이 기회를 이용해 해외로 진출해야 한다. 아시아 공통 혹은 중국, 일본, 인도, 인도네시아, 말레이시아, 태국, 대만 등 아시아 주요 국가별로 선호하는 콘텐츠 소비 패턴을 파악하고 데이터화해, 콘텐츠 제작과 마케팅에 활용해야 한다. 이러한 전략을 실행하기 위한 '콘텐츠 한류 지도' 구축을 제안한다.

한류 콘텐츠의 양축인 드라마(K-Drama)와 음악 콘텐츠(K-Pop), 한류 콘텐츠로서의 성장 가능성이 높은 게임(K-Game)에 태그를 활용해 데이터화하는 작업이 필요하다. 특히 동영상 데이터화에는 많은 시간과 비용이 든다. 영상을 낱낱이 쪼개고 여기에 내용별 분류 체계에 따라 태그 작업을 해야 한다. 아날로그적인 수작업이 필요하다. 디지털과 아날로그의 협업이다. 예를 들어 한류 바람을 거세게 일으켰던 드라마 〈태양의 후예〉나 〈별에서 온 그대〉를 데이터화하기 위해 배우 송중기, 송혜교, 김수현, 전지현 등이 나오는 쇼핑 장면, 식당 장면, 데이트 장면 등을 신scene별로 쪼개고, 내용별로 세세히 분류해 태그를 붙이는 작업을 통해 장면을 데이터화하는 것이다. 지금까지 중국, 일본, 말레이시아 등에서 인기 있었던 드라마, 영화, 팝 영상 등을 메타데이터화해야 한다.

넷플릭스의 영화 분석 사례에서 보았듯 세밀한 데이터화 작업은 넷플릭스 경쟁력의 기반이 되었다. 데이터화된 동영상의 가치는 무궁무진하다. 한류 콘텐츠의 기획, 제작, 투자, 마케팅 등 우리나라 미디어, 엔터테인먼트 산업의 경쟁력을 한 차원 높이는 데 크게 기여할 것이다. 문제는 일일이 수작업을 통해 태깅화하는 작업에 시간과 비용이 많이 든다는 점이다. 따라서 공공의 참여가 필요하다. 공공과 민간의 협업을 통해 한류 영상 콘텐츠의 메타데이터를 차근차근 구축해갈 필요가 있다. 빅데이터의 활용을 위한 원유의 채굴을 시작해야 한다. 이와 더불어 넷플릭스 프라이즈를 벤치마킹해 콘텐츠 한류 지도 구축을 위한 빅데이터 알고리즘 개발 경연 대회를 개최하는 것도 검토할 만하다.

'아시아 플랫폼'을 구축하자

넷플릭스, 아마존, 구글 등 글로벌 OTT 세력의 한국 진출에
국내 미디어, 엔터테인먼트 산업계의 대응은 국내 시장만 독
식하려는 안방 지키기에 급급한 모습이다. 더 이상 대응에만
머물러서는 안 된다. 위기를 지렛대 삼아 글로벌 진출의 기회
로 만들어야 한다. 넷플릭스의 해외 진출 전략을 참고할 필요
가 있다. 한 손에는 혁신 기술을, 또 한 손에는 콘텐츠를 가지
고 세계로 진출하는 투 트랙two-track 전략이다. 그러나 한국은
아직 글로벌 미디어 경영에 대한 노하우나 경험이 부족하기
때문에 단계적 진출 전략이 더 유효할 수 있다.

첫 번째 단계로 아시아 시장 공략을 들 수 있다. 한국은
2016년 콘텐츠 매출이 100조 원이 넘는, 세계 7위의 미디어,
엔터테인먼트 강국이다. 아시아 최고 수준의 콘텐츠 제작 능
력, 세계적 수준의 IT 기술을 바탕으로 콘텐츠 제작 및 미디어
운용 능력을 확보해 글로벌 진출을 적극적으로 모색해야 한
다. 그러나 경쟁력을 확보한 제작 부문과 달리 글로벌 미디어
운영 능력은 매우 취약하다. 한국 콘텐츠의 글로벌 진출을 위
해 콘텐츠 한류 지도를 이용한 아시아 대상 미디어 플랫폼을
우선 구축해야 한다. 그 플랫폼 위에 한국이 개발한 미디어 혁

신 기술과 아시아의 스토리를 접목한 콘텐츠를 제작하고 유통하는 것이다. 아시아 플랫폼 안에 콘텐츠의 원천인 스토리 산업을 육성하고, 아시아 각국의 스토리 자산도 데이터화한다.

이미 말레이시아에서는 아시아를 중심으로 한 글로벌 플랫폼 구축이 진행되고 있다. 아이플릭스iflix라는 동영상 스트리밍 서비스 기업이 이끌고 있는데, 아시아판 넷플릭스라고 볼 수 있다. 영국과 미국의 자금이 투자되었고 서비스 대상국가의 통신사와 협업해 영국의 IT 기업이 운영을 담당하고 있다. 동남아시아의 취약한 인터넷 인프라와 콘텐츠 불법 소비가 만연한 시장 상황을 감안해 월 2~3달러 수준의 저렴한 요금을 받는다. 말레이시아, 인도네시아, 필리핀, 태국, 베트남, 파키스탄 등 아시아 10개국에 할리우드 영화, 드라마와 한국 드라마 등의 콘텐츠를 제공하는 월정 유료 서비스다. 이런 방식으로 전통적 리니어 TV 시장을 잠식하고 있다. 블룸버그 통신에 따르면 아이플릭스는 동남아시아 지역 내 가입자 수를 500만 명 이상 확보했다. 틈새시장을 적절히 공략한 것이다. 최근에는 서비스 지역을 중동, 아프리카로 확장하고 있다.

아직 한국이 독자적인 비즈니스 모델로 플랫폼을 구축해 해외에 진출하기에는 역량이 부족한 것도 사실이다. 그동안 국내 미디어, 엔터테인먼트 기업은 국내 시장에서 협업이나 개방 없이 독자적으로 플랫폼을 구축하려는 경향이 강했다. 골목대장 행세만 하다 보니 글로벌 미디어 경영에 대한 경험이 상대적으로 부족하다. 이제 국내 미디어 기업도 해외로 나아가 글로벌 게임을 펼쳐야 한다. '넷플릭스하다'라는 신조어가 의미하는, 과감한 혁신이 필요하다. 혁신의 출발점은 현장이다. 아이플릭스 사례처럼 직접 해외로 나가 경험을 쌓고, 동시에 해외 업체와의 M&A를 통해 노하우를 확보하는 것도 하나의 방법이 될 수 있다. 콘텐츠 서비스 플랫폼을 통해 아시아 소비자에 관한 원천 데이터를 확보할 수 있는 교두보를 하루속히 확보해야 한다.

주

1 _ 최보윤, 〈데이터·기술로 무장, 실험·실험·또 실험…NYT 위협하는 버즈피드의 '미디어 혁명'〉, 《조선일보》, 2016. 1. 16.

2 _ 이 책에서 다루는 '빅뱅 파괴 혁신'과 이를 가능하게 한 동력인 '기하급수적 기술'의 개념은 래리 다운즈와 폴 누네스가 제시한 아이디어를 인용했다. 〈Big Bang Disruption〉, 《Havard Business Review》, Vol 91, Issue 3. / 〈재앙처럼 닥쳐오는 빅뱅파괴자〉, 《동아 비즈니스리뷰》, No.138, 126~136쪽, 2013. / 래리 다운즈·폴 누네스(이경식譯), 《어떻게 그들은 한순간에 시장을 장악하는가》, RHK, 2014. / 김민식·정원준, 〈ICT 제품 및 서비스의 수명주기 단축과 BIG-BANG Disruption〉, 《정보통신정책연구원》, 2013. / 김민식·정원준, 〈ICT 산업의 발전과 빅뱅파괴 혁신의 이해 - 파괴적 혁신과의 비교를 중심으로〉, 《정보통신정책연구원》, 2014.

3 _ 래리 다운즈와 폴 누네스에 따르면, 조직이 혁신을 할 때 세 가지의 주요 비용이 든다. 아이디어 창출 비용, 연구 개발 비용 그리고 자금 조달 및 보상 비용이다. 그런데 무어의 법칙(소형화와 반도체 생산의 규모의 경제를 통한 가격 하락)과 기하급수적 기술은 이 세 가지 비용을 극적으로 감소시킨다. 가령 '오픈 소스' 혁신이나 '클라우드 소싱' 방식을 활용해 아이디어 창출 비용을 낮춘다. 가상 공간에서 연구팀을 꾸리고 이러한 연구팀을 활용해 연구 개발 비용을 낮춘다. 크라우드 펀딩 등을 활용하여 자금 조달 및 보상 비용도 낮출 수 있다.

4 _ 케이블TV 가입 해지를 의미하며, 최근에는 IPTV와 위성TV 등 유료 방송 시장 내 가입자 이탈 및 가입 해지를 의미한다. 이은민, 〈OTT 서비스 확산과 비즈니스 사례 분석〉, 《정보통신방송정책》, 제24권 15호 통권 537호, 1~33쪽, 2012. 8. 16.

5 _ 이신영, 〈넷플릭스 창업해 포천誌 선정 '2010년 올해의 기업인' 1위에 오른 헤이스팅스〉, 《조선일보》, 2013. 12. 7.

6 _ Lindy Ryan, 〈Leading change through creative destruction: how Netflix's self-destruction strategy created its own market〉, 《International Journal of Business Innovation and Research》, Vol. 7, No. 4, 429~445쪽, 2013.

7 _ N스크린은 AT&T의 '3-스크린 서비스 전략'에서 발전한 개념이다. 이는 TV, PC, 휴

대 전화를 인터넷으로 연결해 이용자가 언제, 어디서나 콘텐츠를 이용할 수 있게 해주는 서비스 전략을 지칭하는 것이다. (최세경, 〈N스크린 서비스의 확산과 콘텐츠 비즈니스의 미래 전망〉, 《KOCCA 포커스》, 2011. 9. 16.) N스크린의 표기는 연구자에 따라 N스크린, N-Screen, N-스크린, 엔스크린, 3-screen 등으로 달리하고 있는데 이 책에서는 'N스크린'으로 표기한다. N은 여러 개라는 의미이다.

8_ 함유근은 《빅데이터, 경영을 바꾸다》에서 좁은 의미의 빅데이터를 '수십에서 수천 테라바이트 정도의 거대한 크기를 갖고, 여러 가지 다양한 비정형 데이터를 포함하고 있으며, 생성 - 유통 - 소비(이용)가 몇 초에서 몇 시간 단위로 일어나 기존의 방식으로는 관리와 분석이 매우 어려운 데이터의 집합'이라고 본다. 그리고 넓은 의미에서 '기존의 방식으로는 관리와 분석이 매우 어려운 데이터의 집합, 그리고 이를 관리·분석하기 위해 필요한 조직 및 관련 기술까지 포괄하는 용어'로 빅데이터를 정의한다.

9_ 고가 프리미엄 TV 패키지 상품 가입을 해지하거나 저가형 TV 패키지로 하향 조정하는 것을 의미한다. 이은민, 〈OTT 서비스 확산과 비즈니스 사례 분석〉, 《정보통신방송정책》, 2012. 8. 16.

10_ 닐슨은 2013년 3월 보고서에서 '기존 유료 방송을 시청하지 않는 가구'라는 의미로 'ZeroTV 가구'라는 용어를 사용했다. ZeroTV 가구의 75퍼센트는 TV 수상기를 보유하고 있지만 전통적인 시청 방식이 아닌 PC, 스마트폰, 테블릿 PC 등을 통해 콘텐츠를 소비한다. 〈IPTV 5주년 백서〉, 《한국디지털미디어산업협회》, 2013.

11_ Convergence Consulting Group, 〈The Battle for the North America(US/Canada) Couch Potato: Online & Traditional TV and Movie Distribution〉 / 박민성, 〈OTT 서비스의 전략적 위상과 향후 진화 방향 - 킨들파이어와 Xbox 360을 중심으로〉, 《정보통신방송정책》, 2012. 11. 16.

12_ 조영신, 〈Netflix, Hulu 그리고 가입자 이탈(Cord Cutting): 창구화 이론을 중심으로〉, 《방송통신전파저널》, 2011. 1.

13_ 로버트 멧칼프(Robert Metcalfe)에 따르면, 네트워크 상품들의 가치는 연결이 이루어진 연결점들의 수의 제곱에 비례해서 커진다. 즉 어떤 네트워크의 가치는 이 네트

워크를 사용하는 사용자 수의 제곱이라는 게 그의 계산이다. 예를 들어 어떤 네트워크에는 단 한 대의 전화밖에 없다. 그런데 아무도 여기로 전화를 걸지 않으면 이 네트워크의 가치는 0이다. 그런데 한 대의 전화가 추가되면 이 둘은 서로에게 전화를 걸 수 있다. 전화 한 대가 늘어남에 따라 두 개의 연결이 새로 추가된 것이다. 그 다음부터 전화가 한 대씩 추가될 때마다 이루어 질 수 있는 통화의 종류는 두 배씩 늘어난다. 래리 다운즈·폴 누네스(이경식譯),《어떻게 그들은 한순간에 시장을 장악하는가》, 105쪽, RHK, 2014.

14 _ 전설리, 〈디렉TV 인수로 콘텐츠 경쟁력 확보〉,《한국경제》, 2016. 1. 21.

15 _ 유제홍, 〈DIAL: Netflix의 개방형 N-Screen 프로토콜 기술 규격〉,《주간기술동향, 정보통신산업진흥원》, 2013. 5. 1.

16 _ ①TV 인스턴트 온: TV가 켜진 후 바로 넷플릭스 애플리케이션을 실행할 수 있는 기능 ②TV 재시작: 넷플릭스 애플리케이션을 실행한 상태에서 전원을 끄면 TV가 이전의 활동을 기억해 전원을 껐던 시점과 동일한 위치에서 재시작하는 기능 ③넷플릭스 최신 버전: TV가 최신 버전의 애플리케이션을 갖췄고, 이를 지속적으로 최신 버전으로 유지하는 기능 ④빠른 애플리케이션 시작: TV의 성능이 뛰어나 넷플릭스 애플리케이션 실행 시간이 다른 TV보다 훨씬 빠를 때 내주는 인증 ⑤빠른 재시작: 다른 애플리케이션이나 TV 채널에서 넷플릭스 애플리케이션으로 돌아오면 동영상이 즉시 재시작되는 기능 ⑥넷플릭스 버튼: TV 리모콘에 넷플릭스 전용 버튼이 탑재되어 있어, 해당 버튼만 누르면 바로 넷플릭스 애플리케이션이 실행되는 기능 ⑦간편한 넷플릭스 아이콘 액세스: 넷플릭스 애플리케이션이 눈에 잘 띄어서 사용자가 손쉽게 넷플릭스를 실행할 수 있을 때 내주는 인증. 강일용, 〈넷플릭스의 진짜 경쟁력? 4K, HDR, 넷플릭스 인증〉,《동아일보》, 2016. 7. 6.

17 _ 박수련, 〈8600만 명 취향 저격…방송국 뺨치는 넷플릭스〉,《중앙일보》, 2016. 12. 26.

18 _ 크리스 앤더슨은 롱테일 개념의 창시자다. 이 책에서 다루는 넷플릭스의 롱테일 혁신 전략은 그의 롱테일에 관한 저서《롱테일 경제학》의 핵심 개념을 인용했다. 특히 '엔터테인먼트 산업에서 틈새 상품 개발', '디지털 집산자', '리니어 TV의 약화' 등 미디어, 엔터테인먼트 산업에서 롱테일 법칙을 적극적으로 활용해야 한다는 것은 그가 제시한 방향이다. 크리스 앤더슨(이노무브그룹 외 譯),《롱테일 경제학》, RHK, 2006. / 박수련, 〈8600만 명 취향 저격…방송국 뺨치는 넷플릭스〉,《중앙일보》, 2016. 12. 26.

19 _ 빅데이터를 보는 시각 - '빅데이터'라는 용어의 기원과, 어떻게 이 단어를 완벽하게 정의할 것인지에 대해서는 떠들썩하고 비생산적인 토론이 있었다. '빅'과 '데이터'라는 두 단어가 함께 사용된 지는 수십 년이 되었다. 2001년 가트너의 더그 레이니가 발표한 연구 보고서를 보면 빅데이터의 3Vs, 즉 크기(volume), 속도(velocity), 다양성(variety)에 대해 설명한다. 당시에는 유용한 설명이었으나 불완전한 설명이다. 빅토르 마이어 쇤베르거, 케네스 쿠키어(이지연 譯), 《빅데이터가 만드는 세상》, 21세기북스, 2013.

20 _ 박건형·조재희, 〈美 IT 기업, 세계 1~5위 휩쓸었다〉, 《조선일보》, 2017. 5. 27.

21 _ 영화와 TV 쇼에 대한 DB 서비스로 이용자들은 프로그램 제목, 주제, 배우 이름 등을 통해 콘텐츠를 검색하고, 검색 결과는 해당 콘텐츠가 있는 애플리케이션으로 연결된다. 또한 선택적 서비스를 페이스북, 트위터, 이메일 등을 통해 공유하는 서비스도 제공된다. 이은민, 〈OTT 서비스 확산과 비즈니스 사례 분석〉, 《정보통신방송정책》, 제24권 15호 통권 537호, 1~33쪽, 2012. 8. 16.

22 _ 미국 콘텐츠 산업 동향, 〈미국 콘텐츠 시장의 Big Data 활용 사례〉, 《한국콘텐츠진흥원》, 2014. 8. 29.

23 _ 크리스 앤더슨이 인용한 프로그 디자인 회사(Frog Design Inc.)의 트렌드 전문가 주장이다.

24 _ 피터 힌센(이영진 譯), 《뉴노멀》, 흐름출판, 2014.

25 _ ALEXIS C. MADRIGAL, 〈How Netflix Reverse Engineered Hollywood〉, 《The Atlantic》, 2013. 1. 2.

26 _ 양유창, 〈넷플릭스와 빅데이터 (1)영화를 정의하는 76897개의 방법〉, http://rayspace.tistory.com/354, 2014. 6. 28.

27 _ Lindy Ryan, 〈Leading change through creative destruction: how Netflix's self-destruction strategy created its own market〉, 《International Journal of Business Innovation and Research》, 2013.

28 _ 조영신, 〈넷플릭스의 빅데이터, 인문학적 상상력과의 접점〉, 《정보통신정책연구원》, 2014. 3.

29 _ 장재현·김나경, 〈방송 미디어 시장, 변화의 시대로 본격 진입〉, 《LG경제연구원》, 2016. 12. 27.

30 _ 장재현·김나경, 〈방송 미디어 시장, 변화의 시대로 본격 진입〉, 《LG경제연구원》, 2016. 12. 27.

31 _ 지나 키팅(박종근 譯), 《넷플릭스 스타트업의 전설》, 한빛비즈, 2015.

32 _ 미국 콘텐츠 산업 동향, 〈미국 콘텐츠 시장의 Big Data 활용 사례〉, 《한국콘텐츠진흥원》, 2014. 8. 29.

33 _ 조영신, 〈넷플릭스의 빅데이터, 인문학적 상상력과의 접점〉, 《정보통신정책연구원》, 2014. 3.

34 _ 조영신, 〈넷플릭스의 빅데이터, 인문학적 상상력과의 접점〉, 《정보통신정책연구원》, 2014. 3.

35 _ 이성춘·윤호진, 〈빅데이터 분석을 통한 한류 지도 구축 방안〉, 《KOCCA포커스》, 2014. 7. 31.

36 _ 미국 콘텐츠 산업 동향, 〈미국 미디어와 엔터테인먼트 분야에서 빅데이터 활용〉, 《한국콘텐츠진흥원》, 2017.

37 _ 김남희·박정현, 〈9400만 가입자 거느린 스무 살 넷플릭스의 습격〉, 《조선일보》, 2017. 4. 27.

38 _ 강일용, 〈넷플릭스의 진짜 경쟁력? 4K, HDR, 넷플릭스 인증〉, 《동아일보》, 2016. 7. 1.

39 _ 오픈 커넥트 서버는 특정 콘텐츠가 담긴 별도의 서버를 트래픽이 많이 발생하는 지

역에 가져다 놓는 것이다. 박병근, 〈넷플릭스, 다음 세대의 인터넷 TV가 될 것인가〉, 《KT 경제경영연구소》, 2016. 3. 22.

40 _ 박수련, 〈8600만 명 취향 저격…방송국 빰치는 넷플릭스〉, 《중앙일보》, 2016. 12. 26.

41 _ 손재권, 〈미디어, 넷플릭스에 당했다〉, 《매일경제》, 2017. 3. 24.

42 _ 헨리 체스브로는 '열린 기술 혁신은 가치 있는 아이디어가 회사 내부 혹은 외부에서 발생할 수 있고, 마찬가지로 회사 내부 혹은 외부로부터 상용화될 수 있다는 것을 의미한다. 이 접근 방식은 외부 아이디어와 시장으로의 외부 경로를, 닫힌 기술 혁신 시기에 내부 아이디어와 시장으로의 경로와 동등하게 취급한다'라고 정의한다. 헨리 체스브로(김기협 譯), 《오픈이노베이션》, 은행나무, 2009.

43 _ 장성근, 〈오픈 이노베이션이 진화하고 있다〉, 《위클리포커스, LG경제연구원》, 2016. 3. 2.

44 _ Gina Keating, 《NETFLIXED: The Epic Battle for America's Eyeballs》, Penguin, 2012.

45 _ 유제홍, 〈DIAL: Netflix의 개방형 N-Screen 프로토콜 기술 규격〉, 《주간기술동향, 정보통신산업진흥원》, 2013. 5. 1.

46 _ 공영일, 〈넷플릭스의 부상과 향후 전망〉, 《정보통신방송정책》, 2010. 10. 16.

47 _ Lindy Ryan, 〈Leading change through creative destruction: how Netflix's self-destruction strategy created its own market〉, 《International Journal of Business Innovation and Research》, 2013.

48 _ 미국, 캐나다 소비자, 18세 이상 3140명 중복 응답 조사; Q3 2016 Video Trends Report: Consumer Behavior Across Pay-TV, VOD, PPV, OTT, TVE, Connected Devices, and Content Discovery, TiVO / 장재현·김나경, 〈방송미디어 시장, 변화의 시대로 본격 진입〉, 《LG경제연구원》, 2016. 12. 27.

49 _ 이신영, 〈넷플릭스 창업해 포천誌 선정 '2010년 올해의 기업인' 1위에 오른 헤이스

팅스〉,《조선일보》, 2013. 12. 7.

50 _ 박수련, 〈8600만 명 취향 저격…방송국 뺨치는 넷플릭스〉,《중앙일보》, 2016. 12. 26.

51 _ 박미애, 〈'옥자' 논란, 시대의 흐름인가 질서의 파괴인가〉,《이데일리》, 2017. 5. 19.

52 _ 최세경, 〈N스크린 서비스 확산과 콘텐츠 비즈니스의 미래 전망〉,《KOCCA포커스》, 2011. 9. 16.

53 _ 김남희·박정현, 〈9400만 가입자 거느린 스무 살 넷플릭스의 습격〉,《조선일보》, 2017. 4. 27.

54 _ 김희경, 〈넷플릭스 진출을 통해 본 국내 OTT 산업의 현황 및 활성화 방안 연구〉, 2017.

55 _ 송혜민, 〈가입자 9300만 명 '넷플릭스'의 '야심' 韓 시장도 뚫을까〉,《서울신문》, 2017. 3. 18.

56 _ 김희경, 〈넷플릭스 진출을 통해 본 국내 OTT 산업의 현황 및 활성화 방안 연구〉, 2017.

57 _ 미국, 국내의 유료 방송과 OTT의 요금 비교 분석은 다음과 같다. 먼저 미국 유료 방송은 케이블TV인 컴캐스트(Comcast), 타임워너케이블(TWC)과 위성 방송인 DirecTV, Dish의 월 평균 요금이 40170원이고, OTT인 넷플릭스, 훌루플러스, 에어리오(Aereo)의 평균 요금은 8560원이다. 즉 OTT는 유료 방송 요금 대비 약 5분의 1 수준이다. 국내 유료 방송은 IPTV인 KT OTV, SK Btv, LG U+tv, 위성 방송인 스카이라이프, 케이블 TV인 CJ 헬로비전, 현대 HCN의 평균인 11900원이다. 그에 반해 OTT인 호핀, 올레TV 모바일, U+ HDTV, 티빙, 푹의 평균 월정 요금은 5150원(자동결제 할인 기준)이다. (이우승·김동준, 〈2014년 연간 전망: 미디어, 지각 변동(IV): TV의 미래〉). 2013년 기준이지만 유료 방송 요금의 인상이 쉽지 않아 현재 요금 수준과 크게 다르지 않을 것으로 보인다. 2016년 현재 국내 OTT의 월정 요금은 왓챠플레이 4900원, 옥수수 3000원, 올레tv 모바일 5000원, 비디오포털 5000원, 푹 5900원~9900원이다. 요금 평균은 약 5160원 수준이다. 가장 저렴한 옥수수의 월정 요금 3000원 대비 넷플릭스의 베이직 요금(9500원)은 3.2배, 프리미엄 요금(14500원)은 무려 4.8배 비싼 수준이다. 김희경이 연구한 〈

넷플릭스 진출을 통해 본 국내 OTT 산업의 현황 및 활성화 방안 연구〉의 국내 OTT 요금 자료를 기초로 분석했다.

58 _ 김희경, 〈넷플릭스 진출을 통해 본 국내 OTT 산업의 현황 및 활성화 방안 연구〉, 2017.

59 _ 김희경, 〈넷플릭스 진출을 통해 본 국내 OTT 산업의 현황 및 활성화 방안 연구〉, 2017.

60 _ 오현전, 〈넷플릭스의 브라질 진출 전략과 시사점〉, 《한국콘텐츠진흥원》, 2016. 8.

61 _ 김동표, 〈옥자 돌풍, 넷플릭스발 코드커팅 바람 볼까〉, 《아시아경제》, 2017. 6. 30.

62 _ 박지성, 〈토드 옐린 넷플릭스 부사장 "모바일 영상 혁명 불러올 것"〉, 《전자신문》, 2017. 3. 5.

63 _ 래리 다운즈·폴 누네스(이경식 譯), 《어떻게 그들은 한순간에 시장을 장악하는가》, RHK, 2014.

64 _ 하현옥, 〈트위치 품은 아마존, 유튜브 구글 정조준〉, 《중앙일보》, 2014. 8. 27.

65 _ 정용인, 〈디지털경제 '글로벌 각축전, 한국의 선택은'〉, 《경향신문》, 2016. 1. 11.

66 _ 2016년 방송 산업 실태 조사 보고서에 따르면, 2015년 기준 케이블TV 가입자는 1373만 명(단자 기준)이며 이 중 아날로그 가입자는 468만 명(34퍼센트)이고 디지털 가입자에 포함되는 8VSB(8레벨 잔류파대는 디지털 지상파 방송에 이용되는 전송 방식으로서 기존의 아날로그 케이블 방송 가입자가 8SVB로 변경할 경우 별도의 디지털 셋톱박스 없이 고화질 디지털 방송 시청이 가능하나 양방향 서비스 이용이 어렵다. 일종의 유사 디지털 가입자로 이해할 수 있다) 가입자 156만 명을 합한 626만 명이다. 국내 미디어 산업에서 혁신이 가장 지체되고 있는 분야이다.

67 _ 2016년도 방송 시장 경쟁 상황 평가(방송통신위원회)에 따르면, 2015년 케이블TV의 VOD 매출은 1700여 인으로 방송 수신료(채널 서비스 부문) 대비 18.1퍼센트이며, IPTV 3사는 VOD 총매출이 4680억 원으로 방송 수신료 매출 대비 31.2퍼센트이다. KT OTV

의 VOD 매출은 2365억 원이고 방송 수신료 매출은 6899억 원이다. 채널 서비스 대비 34.3퍼센트 정도이다. 또한 SK Btv는 28.1퍼센트이고, LG U+tv는 31.2퍼센트 수준이다.

68 _ 셜리 위-추이, 〈빅데이터는 21세기 신종 천연자원이다〉, 《중앙일보》, 2014. 8. 22.

69 _ 시청자의 반응을 살필 수 있는 직접 통로를 확보하기 위한 방안으로 NBC는 '웨비소드'라는 프로그램별 홈페이지를 만들어 웹의 힘을 적극적으로 활용하고 있다. 프랭크 로즈(최완규 譯), 《콘텐츠의 미래》, 책읽는수요일, 2011.

70 _ 〈2017년 콘텐츠 산업 전망 - 2016년 결산 및 2017년 이슈 분석〉, 《한국콘텐츠진흥원》, 2017. 1.

북저널리즘 인사이드   다시 냅스터를 기억한다

레드 카펫 위에 할리우드 배우와 한국인 감독이 나란히 서 있는 장면은 더 이상 낯설지 않다. 봉준호 감독의 〈옥자〉는 넷플릭스가 제작비 전액을 투자했고, 브래드 피트가 제작자로 참여했다. 아이돌 그룹 방탄소년단은 미국 '빌보드 뮤직 어워드'에서 저스틴 비버, 아리아나 그란데를 제치고 '톱 소셜 아티스트상'을 받았다. 세계가 한국의 콘텐츠에 주목하고 있다.

2016년 한국의 콘텐츠 산업 매출액은 105조 원을 넘어섰다. 세계 7위 규모다. 프랑스 미디어 그룹 비방디Vivendi의 CEO 아르노 드 퓌퐁텐의 말처럼 '19세기가 황금, 20세기가 오일 러시의 시대였다면, 21세기는 콘텐츠를 향한 골드러시 시대'다. 한국은 21세기의 골드를 손에 쥐고 있지만 선보일 플랫폼이 없다. 자연히 글로벌 플랫폼에 의존하게 되고 점차 종속되어 간다. 만약 한국이 콘텐츠 제작(A)부터 유통(Z)까지 모두 다루게 된다면, 세계 콘텐츠 시장 제패는 더 이상 꿈이 아니다.

넷플릭스의 혁신 과정은 국내 콘텐츠 산업에 큰 시사점을 던진다. 넷플릭스는 당대 첨단 기술을 빠르게 도입하고, 빅데이터를 철저히 활용했다. 오픈 API를 채택해 이용 가능한 디바이스 수를 1500여 개로 늘렸고, 기업 기밀을 외부에 공개하면서까지 영화 추천 알고리즘의 정확도를 높였다. 넷플릭스 성공의 기저에는 첨단 기술이 자리하지만, 그러한 기술 혁신을 이끈 결정적 동인은 '이용자 중심의 사고'였다.

국내 멀티플렉스와 넷플릭스가 영화 〈옥자〉의 상영 방식을 두고 벌인 분쟁을 들여다보면 국내 콘텐츠 업계의 현주소가 보인다. 영화 배급을 장악하고 독점 상영으로 이익을 취하는 대형 극장에게 '감히' 극장과 온라인에서 동시 상영하자는 제안은 하극상에 가깝다. 넷플릭스의 원칙은 간단하다. 무엇이 이용자에게 더 이로운가. 소비자가 원하는 시간과 장소에서 원하는 작품을 감상할 수 있어야 한다는 것이다. 멀티플렉스가 상영을 거부하면서 현재 〈옥자〉는 단관 극장이나 예술 영화관에서만 관람할 수 있다.

1999년 세계 최초의 MP3 공유 서비스인 냅스터가 등장하자 미국 음반 업계는 공동 대응에 나섰다. 그해 12월 미국 음반산업협회는 냅스터에 소송을 제기했고, 2001년 냅스터는 서비스를 중단해야 했다. 그러나 이용자의 편의를 증진하는 음반의 디지털화는 막을 수 없는 흐름이었다. 냅스터의 실험은 지금 현실이 되었다.

〈옥자〉를 보기 위해 기차표를 예매한 사람이 있다. 누구를 위한 상영 거부였는지 판단은 독자에게 맡긴다. 이용자의 불편을 해소하는 기업이 결국 시장을 주도한다. 이것은 경영사에서 반복되어 온 경험칙이다.

박가현 에디터